Gustave Flaubert
Das Wörterbuch der Gemeinplätze

SERIE PIPER

## Zu diesem Buch

In diesem boshaften Wörterbuch hat Gustave Flaubert Klischees, Platitüden und Halbwissen versammelt, mit denen man nicht nur in der besseren Gesellschaft seiner Zeit, sondern auch heute noch Eindruck schinden kann. Beim Stichwort »Autor« heißt es: »Man muß dies und das gelesen haben; von wem, ist nicht so wichtig.« So empfiehlt uns Flaubert etwa auch den Gebrauch von Wörtern wie fulminant (»prima Wort«) und Giraffe (»höfliches Wort, wenn man eine Frau nicht ›Kamel‹ nennen will«) und verrät uns, worüber man sich im Small talk entrüsten und worüber man sich lustig machen sollte. Hintergründig entlarvt er seine Zeitgenossen und hält der Gesellschaft den Spiegel vor.

*Gustave Flaubert*, geboren am 12. Dezember 1821 in Rouen, studierte Rechtswissenschaften und lebte aus gesundheitlichen Gründen seit 1846 zurückgezogen in Croisset, wo er am 8. Mai 1880 starb. Als Hauptvertreter des französischen Realismus entlarvte er in seinen meisterhaften Romanen vor allem die zeitgenössische Bourgeoisie.

# Gustave Flaubert
# Das Wörterbuch der Gemeinplätze

Nachwort von Julian Barnes
Zwischenblätter von Volker Kriegel

Aus dem Französischen von
Gisberth Haefs, Irene Riesen, Thomas Bodmer
und Gerd Haffmans

Piper München Zürich

Übersetzt wurde »Le dictionnaire des idées reçues« in der Fassung, die Claudine Gothot-Mersch in ihrer Edition von »Bouvard et Pécuchet« (Paris: Gallimard 1979) herausgegeben hat. Die deutsche Erstausgabe dieser Neuübersetzung erschien 1987 unter dem Titel »Wörterbuch der übernommenen Ideen« in Haffmans' helfender Hand-Bibliothek. Das Nachwort wurde von Michael Walter übersetzt.

Ungekürzte Taschenbuchausgabe
Piper Verlag GmbH, München
April 2000

Umschlag: Büro Hamburg
Stefanie Oberbeck, Katrin Hoffmann
Umschlagabbildung: Volker Kriegel
Satz: Fotosatz Michel, Gießen
Druck und Bindung: Clausen & Bosse, Leck
Printed in Germany ISBN 3-492-23016-4

# Inhaltsverzeichnis

## *Avis: Warnung*

Neben den von Julian Barnes im NACHWORT aufgeführten Informationen zu Ursprung, Intention und Quellenlage von Flauberts *Wörterbuch* bittet die Redaktion zu bedenken, daß die Eintragungen im wesentlichen unter drei Kategorien fallen:

a) überkommene Klischees, platt als »Volksdummheit«, z. B. »BRÜNETTE: Heißblütiger als Blondinen«, oder »EISMANN: Alle Eismänner sind Neapolitaner«;

b) Witz oder Kalauer calembour unterschiedlicher Güte, z. B. »DIANA: Göttin der *chasse-tete* [*chasteté* = Keuschheit, *chasse* = Jagd]«, oder »SCHORNSTEINFEGER: Die Schwalbe des Winters«;

c) zu gängiger Volksdummheit verkommener einstiger Geistesblitz, z. B. »SPINAT:... Nie den berühmten Satz von Prudhomme auslassen: ›Ich mag keinen Spinat und bin froh darüber; wenn ich ihn nämlich möchte, äße ich ihn, und davon würde mir schlecht‹...«

Die Übergänge sind bisweilen »fließend«; in einigen Fällen »drängt sich der Verdacht auf«, Flaubert habe, als nicht völlig unsichtbarer Autor, einer Möglichkeit schärferer Pointierung nicht widerstehen können.

Für ein solches Werk gibt es zwei gleich unzulängliche Formen der Übersetzung. Die Individuen der Redaktion verfechten in der Regel das »getreue« Verfahren; doch liegt das *Wörterbuch* bereits in zwei mehr oder minder »getreuen« Übersetzungen vor, die allerdings bei aller Korrektheit eher unersprießlich sind.

Hierfür gibt es mehrere Gründe inhaltlicher und sprachlicher Natur. Es ist nicht besonders erhellend, *»chacal«* als »Singular von *shakos* [Tschakos]« wiederzugeben, da a) die Besonderheiten der französischen Pluralbildung einer Erklärung bedürften, b) dem deutschen Leser von heute

»Tschako« zu übersetzen wäre, c) angemerkt werden müßte, daß kaum ein Franzose derlei je anders denn als einen Kalauer angesehen hätte. Eine Vielzahl derartiger Eintragungen ist heute selbst einem gebildeten Franzosen kaum noch zugänglich.

Andererseits hätte eine getreu-akademische Fassung den Vorteil, viele Juwelen retten zu können, so etwa »*Erection* [»Errichtung« und »Erektion«]: Nur bei Monumenten zu verwenden. Die *érection* des Obelisken. Die *érection* des Hercule Farnese fand gestern in den Tuilerien statt; viele Damen waren anwesend/nahmen daran teil/legten mit Hand an.« Plus: Fußnoten zu *»érection«,* »Obelisk«, »Farnese«, »Tuilerien« und *»assister«*. Diese Version wäre jedoch, wollte man wahrhaft getreulich getreu sein, mit einem Fünftel Text und vier Fünfteln Fußnoten pro Seite auszustatten.

Es erschien der Redaktion daher sinnvoller, die treue Übersetzung zu hintergehen und sie mit der Übertragung zu betrügen; festzustellen, daß Bären »Meister Petz« heißen, statt anzumerken, warum man sie in Frankreich »Martin« nennt; zu versuchen, das deutschsprachige Klischee »mit spitzer Feder« aufzuspa- äh: aufzuspießen; zu verschweigen, daß ein Messer dann ein »katalanisches« ist, wenn es über eine lange Klinge verfügt; zu ignorieren, daß man als Franzose Beethoven nimmer »Bitovan« aussprechen sollte; und für *calembours,* die nicht wiederzugeben sind, lieber an anderer Stelle neue Kalauer einzufügen, die einer ähnlichen Geisteslage entsprechen – daß z. B. alle Laken aus Elbeuf kommen, ist sicher nicht so unantastbar, daß die *D*eutsche *Ü*bersetzer-*N*otlösung, derzufolge die genormten Laken sämtlich aus Dinslaken stammen, als Sakrileg gelten müßte. Auch erschien uns für »DSCHINN: Orientalischer Tanz« die Variante »Orientalische Spirituose« schmackhafter.

Ausgelassen wurden ferner nicht allein langwierig zu erläuternde Eintragungen (daß man etwa die/eine »Esplanade« nur beim Invalidendom sehen könne), sondern auch zahllose Scheußlichkeiten, die sich die kalauernde Redaktion anmaßte; so sei dem Leser verschwiegen, daß aus »Die Donau ist der Rubikon des Türken« fast zwangsläufig »Die Moldau ist der Rubikon Smetanas« erwucherte. Und auch gewisse Übersetzereien (»Votre montre va-t-elle bien?« – »Elle règle le soleil.« – – »Geht es deiner Uhr gut?« – »Nein, sie regelt gerade die Sonne.«) fanden keinen Eingang in die Endfassung, da sie des »homerischen« Gekichers, das sie auslösten, nur bei bestimmten Windstärken und Gezeitenhöhen des Gemüts sicher sein können. Andererseits erschien es uns billig, aus einer vergessenen Sportmaxime »BASKEN: Volk, das am besten läuft«, ohne hierdurch Nordiren oder Korsen herabsetzen zu wollen, »Volk, das am besten aufläuft« zu machen. Und ebenso ist denn der »Schaka(h)l« zur »haarlosen Hyäne« geworden. Wir glauben nicht, daß Flaubert deshalb seinen Tschako zöge, falls er einen trüge, hoffen aber auch, daß er nicht in seiner Urne als Windhose rotiert.

*Die Redaktion*

# DAS WÖRTERBUCH DER GEMEINPLÄTZE

*Vox populi, vox Dei.*
Weisheit der Nationen.

*Man kann wetten, daß jede öffentliche Idee,*
*jede übernommene Konvention eine Dummheit ist,*
*denn sie hat der Mehrheit konveniert.*
Chamfort, ›Maximes‹

# A.

**Abaelard.** Unnötig, von seiner Philosophie auch nur die leiseste Ahnung zu haben oder gar die Titel seiner Werke zu kennen. – Diskret auf die Verstümmelung anspielen, die ihm Fulbert zufügen ließ. – Grab von Héloise und Abaelard. Wenn jemand beweist, daß es nicht echt ist, rufe man aus: »Sie rauben mir meine Illusionen.«

**Abendunterhaltungen.** Auf dem Lande sind sie anständig.

**Abgeordneter.** Es sein: Gipfel des Ruhms. – Man wettere gegen das Parlament: kein Benehmen. Lauter Schwätzer. – Tun nichts.

**Abgeriegelt.** Immer »hermetisch«.

**Abitur.** Man wettere dagegen.

**Absalom.** Hätte er eine Perücke getragen, hätte Joab ihn nicht töten können. – Spitzname für einen glatzköpfigen Freund.

**Absinth.** Äußerst starkes Gift: ein Glas, und Sie sind tot. – Journalisten trinken ihn beim Schreiben ihrer Artikel. – Die französische Armee wird daran noch zugrunde gehen. – Hat mehr Soldaten umgebracht als die Beduinen.

**Académie française.** Man mache sie herunter, versuche aber wenn irgend möglich aufgenommen zu werden.

**Achilles.** Man füge hinzu »der Schnellfüßige«; so erweckt man den Eindruck, Homer gelesen zu haben.

**Adel.** Man schmähe und beneide ihn.

**Aderlaß.** Im Frühjahr vornehmen lassen.

**Admiral.** Immer tapfer, flucht immer nur »Schockschwerenot!«

**Advokaten.** Es gibt zu viele davon im Parlament. – Vor lauter Für und Wider ist ihre Urteilskraft verdorben. – Werden in allen Fragen konsultiert, auch solchen, von denen sie nichts verstehen. – Von einem Advokaten, der ein schlechter Redner ist, sage man: »Ja, aber er ist ein versierter Jurist.«

**Aktentasche.** Eine Aktentasche unter dem Arm verleiht einem etwas Ministerielles.

**Akzise.** Man umgehe sie.

**Alabaster.** Wird poetisch verwendet, um die schönsten Teile eines Frauenzimmers zu beschreiben.

**Albdruck.** Kommt vom Magen.

**Albion.** Immer in Verbindung mit »weiß«, »perfid«, »positivistisch«. – Es hat nicht viel gefehlt, und Napoleon hätte es erobert. – Wenn man es loben will: »das freie England«.

**Alkibiades.** Berühmt ob des Schwanzes seines Hundes. Inbegriff des Wüstlings, Stammgast der Aspasia.

**Alkoholismus.** Ursache aller modernen Krankheiten (vgl. **Absinth** und **Tabak**).

**Aloe.** Darmfeger.

**Ameisen.** Musterbeispiel für Vorhaltung gegenüber einem Verschwender. – Haben die Idee der Sparkasse angeregt. – Ameisen sind schlecht zu Grillen.

**Amerika.** Schönes Beispiel für Ungerechtigkeit: Kolumbus hat es entdeckt, seinen Namen hat es nach Amerigo Vespucci. – Ohne die Entdeckung Amerikas hätten wir weder die Syphilis noch die Phylloxera. – Man werde trotzdem überschwenglich, besonders wenn man nie dort gewesen ist. – Man verbreite sich über das »self government«.

**Androklos.** Ist die Rede von Dompteuren, erwähne man Androklos und seinen Löwen.

**Angeborene Ideen.** Man witzele darüber.

**Angst.** Verleiht Flügel.

**Antichrist.** Voltaire. Renan.

**Antike.** Und alles, was dazugehört: abgedroschen, öde.

**Antiquitäten.** Sind immer nachgemacht.

**Antlitz.** Ein liebes Antlitz öffnet alle Türen.

**Apfelwein.** Macht die Zähne kaputt.

**Aplomb.** Immer »ungeheuer«.

**Appetit.** Was ihn anregt.

**Aprikosen.** Dieses Jahr gibt's wieder keine.

**Arbeiter.** Immer anständig, wenn er nicht gerade Krawall macht.

**Archetypen.** Man mache sich darüber lustig.

**Archimedes.** »Heureka!« – »Gebt mir einen Punkt, wo ich hintreten kann, und ich hebe die Welt aus den Angeln.« – Es gibt auch noch die Archimedische Schraube, mehr braucht man darüber nicht zu wissen.

**Architekten.** Lauter Schwachköpfe. – Vergessen bei den Häusern immer die Treppe.

**Architektur.** Es gibt nur vier Säulenordnungen. Die ägyptische, die zyklopische, die assyrische, die indische, die chinesische, die gotische, die romanische usw. natürlich nicht mitgezählt.

**Armbrust.** Günstige Gelegenheit, die Geschichte von Wilhelm Tell zu erzählen.

**Arme.** Sich der Armen anzunehmen ersetzt alle anderen Tugenden.

**Armee.** Bollwerk der Gesellschaft.

**Arsen.** Das gibt es überall! – Man erwähne Madame Lafarge. – Es gibt indes Völker, die das essen.

**Asphalt.** Hat mit den Revolutionen aufgeräumt, weil es keine Pflastersteine mehr gibt für Barrikaden. – Dennoch recht unbequem. Man wettere dagegen.

**Astronomie.** Schöne Wissenschaft. Nützlich für die Seefahrt. – Man lache über die Astrologie. Man sage immer: »Welch schöne Wissenschaft, die erlaubt, die Zukunft und das Wetter im kommenden Jahr vorauszusagen.«

**Atheist.** Ein Volk von Atheisten hätte keinen Bestand.

**Auflehnung.** »Die heiligste aller Pflichten« (Blanqui).

**Augenmaß.** Man sieht richtig, wenn man das rechte Augenmaß hat.

**Ausland.** Bewunderung für alles, was aus dem Ausland kommt: Beweis für weiten Horizont. – Verleumdung von allem, was nicht französisch ist: Beweis für Patriotismus.

**Ausnahme.** Man sage, daß sie »die Regel bestätigt«, aber riskiere nie eine Erklärung, wieso.

**Ausschweifung.** Ursache aller Krankheiten der Junggesellen.

**Austern.** Kann man nicht mehr essen! Sind einfach *zu* teuer!

**Autor.** Man muß dies und das gelesen haben; von wem, ist nicht so wichtig.

# B.

**Bär.** Heißt meist Meister Petz. – Man erzähle die Geschichte von dem alten Soldaten, der sah, daß eine Uhr in eine Bärengrube gefallen war, hinabkletterte und gefressen wurde.

**Bagnolet.** Landstrich, berühmt für seine Blinden.

**Bahnhöfe.** Man gerate darüber in Verzückung und bezeichne sie als architektonische Musterbeispiele.

**Bajaderen.** Alle Frauen des Orients sind Bajaderen. – Dieses Wort beflügelt die Phantasie ungemein.

**Ballons.** Damit wird man noch mal auf den Mond gelangen. – Man ist weit davon entfernt, sie lenken zu können.

**Bankett.** Zunftbankett: immer von ausgelassener Fröhlichkeit. Man behält es in bester Erinnerung, und man trennt sich nie ohne Verabredung fürs nächste Jahr. – Ein Witzbold muß sagen: »...weil noch das Lämpchen glüht.« – Demokratisches Bankett: immer Kalbfleisch mit Salat.

**Bankiers.** Alle reich. Halsabschneider, Blutsauger.

**Bannstrahl des Vatikans.** Man mokiere sich darüber.

**Barbier.** Immer von Sevilla. – Man geht zum »Bartkratzer«. – Figaro. – Der Babier Ludwigs XI. – Ließen früher zur Ader.

**Bart.** Zeichen von Kraft. – Zuviel Bart verursacht Haarausfall. – Nützlich, um Krawatten zu schonen.

**Bartholomäusnacht.** Altes Märchen.

**Basilika.** Pompöses Synonym für Kirche; immer »imposant«.

**Basken.** Das Volk, das am besten aufläuft.

**Bauch.** Man sage »Leib«, wenn Damen anwesend sind.

**Bauern.** Was wären wir ohne sie?

**Bauernhof.** Wenn man einen Bauernhof besucht, darf man dort nur Schwarzbrot essen und Milch trinken. Wenn Eier dazukommen, rufe man aus: »Meine Güte. Wie frisch die sind. So etwas findet man in der Stadt todsicher nicht.«

**Baumwolle.** Als Watte vor allem für die Ohren nützlich.

**Beamter.** Flößt Respekt ein, welches Amt er auch innehabe.

**Beerdigung.** Man sagt Exequien, wenn es sich um einen General, und Verscharren, wenn es sich um einen Philosophen handelt. – »Und wenn man bedenkt, daß ich noch vor einer Woche mit ihm diniert habe. Wer hätte das gedacht!« (Nachdenklich hinter dem Leichenwagen).

**Beethoven.** Ta-ta-ta-taa. – Man erschaure trotzdem vor Ergriffenheit bei der Aufführung eines seiner Werke. »Welche Wucht, welcher Schmelz. Dieses Zusammenspiel, diese Legati.« – Komponist der Erotica.

**Begeisterung.** Immer »unbeschreiblich«, dabei ist dann in der Zeitung zwei Spalten lang von nichts anderem die Rede. – Kann nur ausgelöst werden durch die Rückführung der irdischen Überreste des Kaisers.

**Begierde.** Pfaffenwort für fleischliche Gelüste.

**Beleidigung.** Nur mit Blut abzuwaschen. – Häufig tödlich.

**Belgier.** Man nenne sie »nachgemachte Franzosen«. Das ist immer ein sicherer Lacher.

**Berühmtheit.** Man interessiere sich für jede Kleinigkeit des Privatlebens von Berühmtheiten, damit man sie heruntermachen kann. – Musset war immer besoffen. Balzac bis über beide Ohren verschuldet. Hugo ist ein Geizkragen...

**Berufung.** Die Kunst ist eine Berufung. – Ebenso die Medizin – der Journalismus – die Jurisprudenz – und überhaupt alle Berufe.

**Beschreibungen.** Davon gibt es in Romanen immer zuviel.

**Bestattung.** Oft zu früh: Schauergeschichten von Leichen erzählen, die ihren Arm verzehrt hatten, um den Hunger zu stillen. Man lasse sich nicht vom Thema abbringen durch die Behauptung, der Erstickungstod habe schon alles geregelt.

**Betrügen.** Es ist besser zu betrügen als betrogen zu werden.

**Betrunken.** Immer »sinnlos«.

**Bettelei.** Müßte verboten werden und wird es nie.

**Bewegung.** Um so tiefer, je weniger man sich vor Ergriffenheit noch rühren kann.

**Bibel.** Das älteste Buch der Welt.

**Bibliothek.** Sollte man immer im Haus haben, besonders auf dem Land.

**Bier.** Soll man nicht trinken, »man verkühlt sich«.

**Bilder.** In der Poesie immer zu viele.

**Billard.** Nobles Spiel. Unerläßlich auf dem Land.

**Blasmusik.** Immer »fröhlich«.

**Blaustrumpf.** Ausdruck der Verachtung für alle Frauen mit intellektuellen Interessen. – Zur Bekräftigung Molière zitieren: »Wenn sie so geistreich ist...«

**Blondinen.** Heißblütiger als Brünette (vgl. **Brünette**). – Blau steht Blondinen gut.

**Blutwurst.** Zeichen von Deftigkeit. – Unerläßlich beim Schlachtfest.

**Börse.** Thermometer der öffentlichen Meinung.
**Börsianer.** Alles Diebe.
**Bohemiens.** Stammen alle aus Böhmen.
**Bretonen.** Lauter brave Leute, aber stur.
**Briefstil.** Schreibart, die ausschließlich Frauen vorbehalten ist.
**Brot.** Man weiß nicht, was für Dreck man da mitißt.
**Bruch.** Hat jeder, ohne es zu wissen. – Eingeweidevorfall. – Blessur.
**Brünette.** Heißblütiger als Blondinen (vgl. **Blondinen**).
**Brustbeerensaft.** Woraus der wohl gemacht ist?
**Brustwehr.** Man sage dies nie vom Korsett einer schönen Frau.
**Buch.** Wie auch immer. Es ist zu lang.
**Buchdruckerkunst.** Wunderbare Entdeckung. – Hat mehr Schaden als Nutzen gebracht.
**Bucklige.** Sind sehr geistreich. – Von lasziven Frauen sehr begehrt. – Beschützer der Prostituierten. – Man sage: »ein Behinderter«, das ist höflicher. – Den Buckel berühren bringt Glück.
**Buddhismus.** »Irrlehre Indiens« (Definition aus dem Dictionnaire Bouillet, 1. Auflage).
**Budget.** Nie ausgeglichen.
**Bühnenbild.** Ist keine Malerei: Man braucht nur kübelweise Farben auf die Leinwand zu kippen, dann mit dem Besen zu verteilen. Entfernung und Beleuchtung erzeugen dann die Illusion.
**Bürgermeister.** Fühlt sich beleidigt, wenn man ihn als Schulzen bezeichnet. – Man mache sich immer lustig über ihn.
**Buffon.** Zog zum Schreiben Spitzenmanschetten an.

# C.

**Camarilla.** Man spreche das Wort mit der nötigen Empörung aus.

**Champagner.** Gehört zu einem aufwendigen Diner. – So tun, als ob man ihn verabscheue, indem man sagt: »Das ist kein Wein.« – Läßt die kleinen Leute in Verzückung geraten. – Wenn die Korken knallen, geraten die Gäste außer sich. – Man kennt sich selbst nicht mehr. Gewiefte Liebespaare trinken nie Champagner. – Rußland konsumiert mehr davon als Frankreich, durch ihn haben sich die französischen Ideen dort verbreitet. – Während der Régence hat man nichts anderes getan, als Champagner getrunken. – (Aber man trinkt ihn nicht, man »stürzt ihn hinunter«.)

**Chateaubriand.** Bekannt vor allem wegen des nach ihm benannten Steaks.

**Chirurgen.** Haben kein Herz. Man bezeichne sie als Metzger.

**Cholera.** Von Melonen kriegt man Cholera. – Man kuriert sich, indem man viel Tee mit Rum trinkt. »Schnaps ist gut für die Cholera, holleri hollera.«

**Christentum.** Hat die Sklaven befreit.

**Clown.** Schon seine Kindsbeine waren verrenkt.

**Club.** Republikanischer: rotes Tuch für die Konservativen. – Man weiß nicht recht, wie das Wort ausgesprochen wird.

**Cognac.** Ein Gläschen in Ehren kann niemand verwehren. – Nüchtern genommen, tötet er Magenwürmer ab. – Sehr schlimm. – Ausgezeichnet gegen verschiedenste Krankheiten.

**Curaçao.** Der beste kommt aus Holland, weil er auf

Curaçao, einer der Niederländischen Antillen, hergestellt wird.

# D.

**Dachboden.** Wie wohl man sich da fühlt mit zwanzig.

**Daguerreotypie.** Wird die Malerei ersetzen.

**Damaskus.** Einziger Ort, wo man Säbel herzustellen weiß. – Jede gute Klinge kommt aus Damaskus.

**Dame.** Damen haben den Vortritt. – Man ehre sie. – Man sage nie: »Diese Sorte Damen finden Sie im Salon.«

**Damentoilette.** Bringt die Phantasie in Wallung.

**Dankbarkeit.** Keine Ursache.

**Danton.** »Kühnheit, mehr Kühnheit und abermals Kühnheit!«

**Darwin.** Stammt vom Affen ab.

**Degen.** Alter Hau-. Getreuer Degen. Bedauern, daß man derlei nicht mehr trägt.

**Delphin.** Trägt die Kinder auf dem Rücken. – »Ad usum Delphini.«

**Demosthenes.** Hielt keine Rede, ohne einen Kieselstein im Mund zu haben.

**Denken.** Lästig. Dinge, die einen dazu zwingen, gibt man in der Regel auf. – Also bin ich.

**Dentist.** Alle Dentisten lügen. – Man hält sie auch für Fußpfleger. – Bezeichnen sich als »Ärzte«, wie die Brillenmacher als »Techniker«.

**Derby.** Fachausdruck aus dem Bereich der Pferderennen. Sehr chic.

**Descartes.** *Cogito, ergo sum.*

**Deutsche.** Volk von Träumern (veraltet). – Kein Wunder, daß sie uns geschlagen haben; wir waren ja nicht vorbereitet!

**Deutschland.** Immer »blond«, »verträumt«; aber was für eine militärische Organisation!

**Diamant.** »Wenn man bedenkt, daß es nur Kohle ist!« – Eines Tages wird man ihn noch künstlich herstellen können. – Wenn wir einen im Rohzustand fänden, höben wir ihn gar nicht auf.

**Diana.** Göttin der Jagd auf Keusche.

**Dickicht.** Man bezeichne es immer als »düster« und »undurchdringlich«.

**Diderot.** Immer gefolgt von »und d'Alembert«.

**Dienstmädchen.** Taugen alle nichts. Man findet kein Personal mehr.

**Dilettant.** Schwerreicher Mann, besitzt ein Opern-Abonnement.

**Diner.** Früher dinierte man zu Mittag, heute diniert man zu »unmöglichen Zeiten«. – Das Diner unserer Väter war unser Déjeuner, und unser Diner war ihr Souper. – Bestimmte Gerichte gehören zu einem Diner, nicht zu einem Déjeuner. – So spät dinieren, daß wirklich nicht mehr von einem Diner die Rede sein kann, sondern von Souper gesprochen werden muß.

**Diogenes.** »Ich suche einen Menschen.« – »Geh mir aus der Sonne.«

**Diplom.** Beweis für Fachausbildung. – Beweist gar nichts.

**Diplomatie.** Schöne Laufbahn, aber gespickt mit Schwierigkeiten. Voller Geheimnisse. – Nur für Adlige. – Metier von unbestimmter Bedeutung, aber über dem Alltäglichen stehend. – Ein Diplomat ist immer durchtrieben und scharfsinnig. – Man weiß nicht recht, was sie machen. – Aber: »Nicht jeder Gesandte ist ein Geschickter.«

**Direktorium.** Die Schändlichkeiten des. – »In jener Zeit hatte die Ehre bei den Armeen Zuflucht gesucht.« – In Paris spazierten die Frauen ganz nackt herum.

**Diva.** Jede Sängerin muß als »Diva« bezeichnet werden.

**Dörrpflaume.** Fegt das Gedärm.

**Doge.** Gemahl der See. – Man kennt nur einen: Marino Faliero.

**Doktor.** Immer ein »gut« voranstellen. – »Ein Adler, solange Sie ihm vertrauen; ein Esel, sobald er Sie enttäuscht hat.« – Lauter Materialisten. – »Den Glauben findet man nicht mit dem Skalpell.«

**Doktrinäre.** Man verachte sie. Warum? Man weiß es nicht.

**Dokument.** Alle Dokumente sind immer »von ungeheurer Wichtigkeit«. – Man hat noch nie Verschwörer verhaftet, die keine höchst kompromittierenden Dokumente bei sich getragen hätten.

**Dolmen.** Man weiß nicht, was das ist. Hat irgendwas mit den alten Franzosen zu tun. – Stein, der den Druiden für ihre Opfer diente. – Gibt es nur in der Bretagne.

**Domino.** Spielt man immer besser, wenn man beschwipst ist.

**Donau.** Die Donau ist der Rubikon des Türken.

**Dorfkirchturm.** Hat den Zweck, die Herzen höher schlagen zu lassen.

**Drehbank.** Es ist unerläßlich, eine auf dem Dachboden zu haben für regnerische Tage auf dem Land.

**Dreizehn.** Man vermeide es, dreizehn bei Tisch zu sein, das bringt Unglück. Freigeister dürfen keinesfalls zu witzeln versäumen: »Was soll's, dann eß ich halt für zwei«; oder, wenn Damen anwesend sind, zu fragen, ob eine von ihnen schwanger sei. (Wo nicht, anbieten, Abhilfe zu schaffen.)

**Druck.** Man muß alles glauben, was gedruckt wird. – Den eigenen Namen gedruckt sehen! Allein dafür begehen manche schon Verbrechen.

**Dschinn.** Orientalische Spirituose.

**Duell.** Prestige des Mannes, der sich duelliert hat. Im Falle eines Kratzers trage man den Arm so lang wie möglich in der Schlinge. – Man wettere dagegen. – Kein Beweis für Mut.

**Dummköpfe.** Alle, die nicht so denken wie wir.

# E.

**Echo.** Man erwähne jenes vom Pantheon und das vom Pont de Neuilly. »Wie heißt der Bürgermeister von Wesel?«

**Edelmann.** Gibt es nicht mehr.

**Egoismus.** Sich über den der anderen beklagen und den eigenen nicht wahrnehmen.

**Ehern.** Sprichwörtlich: Beleidigungen sind mit ehernen Lettern ins Gedächtnis geschrieben. – Antik metallisch.

**Ehre.** Wem sie gebührt. – Man sei immer bedacht auf die eigene, weniger auf die anderer.

**Ehrgeiz.** Immer »blind«, wenn er nicht gerade mal »edel« ist.

**Ehrgeizig.** In der Provinz jeder, der von sich reden macht. – »Ich, ich bin doch nicht ehrgeizig!« das heißt, er ist egoistisch oder unfähig.

**Ei.** Ausgangspunkt für eine philosophische Abhandlung über die Entstehung der Lebewesen.

**Eifersucht.** Immer »rasend«. – Zusammengewachsene Augenbrauen sind ein Zeichen von Eifersucht. – Fürchterliche Leidenschaft. Sucht mit Eifer, was Leiden schafft.

**Eigentümer.** Die Menschen lassen sich in zwei große Klassen einteilen: Eigentümer und Mieter. – »Welchen Status haben Sie?« – »Eigentümer.«

**Eigentum.** Eine der Grundlagen der Gesellschaft. – Heiliger als die Religion.

**Einführen.** Obszönes Wort.

**Einlegearbeit.** Sagt man nur von Perlmutt.

**Einweihung.** Anlaß zur Freude.

**Eis.** Es ist sehr gefährlich, davon zu essen.

**Eisenbahnen.** Hätten sie Napoleon zur Verfügung gestanden, wäre er unbesiegbar gewesen. – Man gerate ob dieser Erfindung aus dem Häuschen und sage: »Monsieur, ich, der ich mit Ihnen spreche, ich war heute morgen in X, ich bin mit dem X-Zug hingefahren; dort habe ich meine Geschäfte erledigt usw., und um X Uhr war ich wieder da.«

**Eismann.** Alle Eismänner sind Neapolitaner.

**Ekelhaft.** »Ekelhaft!« sage man über jedes Buch oder Kunstwerk, das zu bewundern der *Figaro* nicht gestattet.

**Eklektizismus.** Angst davor, sich zu kompromittieren. Eklektisch sein entbindet einen davon, seine Meinung über die Dinge dieser Welt äußern zu müssen. – Man wettere gegen den Eklektizismus als eine unmoralische Philosophie sowie gegen Victor Cousin.

**Elephanten.** Zeichnen sich durch ihr Gedächtnis aus und lieben die Sonne.

**Elfenbein.** Nur auf Zähne angewandt.

**Email.** Sein Geheimnis ist verlorengegangen.

**Embonpoint.** Zeichen von Reichtum und Müßigkeit. – Nach dem Essen sollst du ruhn. – Bier. – Man streite sich über die Aussprache des Worts.

**Emigranten.** Verdienten ihr Brot damit, daß sie Gitarrenunterricht gaben und den Salat anrichteten.

**Emir.** Wird nur gebraucht, wenn von Abd-el-Kader die Rede ist.

**Empire.** »Das Empire bedeutet Friede!« – Napoleon III.

**Engel.** Macht sich gut in der Liebe und in der Literatur.

**Engländer.** Alle reich.

**Engländerinnen.** Sich darüber wundern, daß sie so hübsche Kinder haben. – Die alten Engländerinnen sind immer häßlich.

**Engpaß.** Man erwähne immer die Thermopylen. – »Die Engpässe der Vogesen sind Frankreichs Thermopylen« (oft gesagt um 1870).

**Enten.** Kommen alle aus Rouen. – Schmecken nur mit Blaukraut.

**Entfesselt.** Stürme und üble Leidenschaften sind entfesselt.

**Entrüstet.** Immer »zutiefst«.

**Entschlackungsmittel.** Nimmt man heimlich.

**Enzyklopädie.** Man mokiere sich mitleidig darüber, weil sie ein Werk des Rokoko ist. – Man wettere dagegen.

**Epakte, goldene Zahl.** Sonntagsbuchstabe auf Kalendern. Man weiß nicht, was das ist.

**Epikur.** Man schmähe ihn.

**Epoche (die unsere).** Man wettere dagegen. – Man beklage sich, daß sie so prosaisch ist. Man nenne sie »eine Zeit des Übergangs, der Dekadenz«.

**Erfinder.** Sterben alle im Armenhaus. – Ein anderer profitiert von ihrer Entdeckung, das ist ungerecht.

**Ernährung.** In Internaten immer »gesund und reichhaltig«.

**Erschießung.** Einziges Mittel, die Pariser zum Schweigen zu bringen.

**Erschöpfung.** Immer vorzeitig. – Ratschläge für geschwächte Männer.

**Esprit.** Immer sprühend.

**Étagère.** Unerläßlich für eine hübsche Frau.

**Etruskisch.** Alle alten Vasen sind etruskisch.

**Etymologie.** Nichts leichter als das, mit Latein und ein bißchen Überlegen.

**Eunuch.** Kriegt keine Kinder. – Man schleudere Blitz und Donner gegen die Kastraten der Sixtinischen Kapelle.

**Evangelium.** Göttliches, erhabenes, sittliches etc. Buch.

**Exstirpieren.** Dieses Verb wird nur für Häresien und Hühneraugen verwendet.

# F.

**Fabrik.** Ungesunde und gefährliche Nachbarschaft.

**Falsches Gebiß.** Dritte Zähne. – Aufpassen, daß man es nicht verschluckt.

**Falschmünzer.** Arbeiten immer in Kellern.

**Fasan.** Das Feinste vom Feinen für ein Festmahl.

**Fastenzeit.** Im Grunde nur eine hygienische Maßnahme.

**Faulenzer.** Alle Pariser sind Faulenzer – wenngleich neun von zehn Parisern aus der Provinz stammen. – In Paris wird nicht gearbeitet.

**Faust.** Um Frankreich zu regieren, braucht es eine eiserne. – Goethes.

**Fechtkunst.** Meister der Fechtkunst kennen alle Finten.

**Fehler.** »Das ist schlimmer als ein Verbrechen, das ist ein Fehler« (Talleyrand). – »Es bleiben Ihnen keine Fehler mehr zu begehen« (Thiers). – Diese beiden Sätze müssen mit Nachdruck gesprochen werden.

**Feigenblatt.** Sinnbild der Männlichkeit in der Bildhauerei.

**Feindseligkeiten.** Werden eröffnet, wie Bankette. »Die Feindseligkeiten sind eröffnet« – man braucht sich nur noch an den Tisch zu setzen.

**Feldsalat.** Unweigerlich begleitet von Sellerie.

**Fes, griechischer.** Unerläßlich für den Stubengelehrten. – Verleiht dem Gesicht Erhabenheit.

**Fett.** Schwimmt oben. – Fette Leute brauchen nicht schwimmen zu lernen. – Treiben die Henker zur Verzweiflung, weil sie die Hinrichtung erschweren. Beispiel: die Du Barry.

**Feuchtigkeit.** Ursache wirklich *aller* Krankheiten.

**Feudalismus.** Man braucht keine genaue Vorstellung davon zu haben, aber man wettere dagegen.

**Feuer.** Immer »reinigend«. – Unter Rauchern verweigere man es nie. – Immer zuerst den Kopf verlieren, wenn man »Feuer!« rufen hört.

**Feuersbrunst.** Immer ein sehenswertes Schauspiel.

**Fieber.** Was alles es verursacht: Pflaumen, Melonen, Aprilsonne etc. – Beweis der Kraft des Blutes.

**Figaro.** Sohn von Beaumarchais und eine der treibenden Kräfte der Revolution. – Seine Hochzeit.

**Finger.** Der Finger Gottes wühlt überall herum.

**Flagge (National-).** Bei ihrem Anblick hat jedes Herz höher zu schlagen.

**Flagranti (in).** Man sage »flagrante delicto«. – Nur in Fällen von Ehebruch verwendet.

**Flamingo.** Flämischer Vogel.

**Flieder.** Macht Freude, wenn er wieder weiß blüht.

**Flinte.** Unerläßlich auf dem Land, besonders wenn Korn in der Nähe ist.

**Floß.** Stets das der »Medusa«.

**Fötus.** Jedes anatomische Schaustück, das in Spiritus konserviert ist.

**Fornarina.** Das war eine schöne Frau; mehr braucht man nicht zu wissen.

**Fortschritt.** Immer mißverstanden und übereilt.

**Fortsetzungsromane.** Ursache des Sittenverfalls. – Man streite sich über den mutmaßlichen Ausgang. – Dem Autor schreiben, um ihn mit Ideen zu versorgen. – Romane sind in Fortsetzungen gelesen viel moralischer denn als Buch. – Man gerate in Wut, wenn man auf einen Namen stößt, der dem eigenen ähnelt.

**Fossilien.** Beweis für die Sintflut. – Geschmackvoller

Scherz, wenn von einem Mitglied der Académie die Rede ist.

**Frack.** Ist in der Provinz die letzte Feinheit an Förmlichkeit und Unbehagen.

**Frage.** Sie stellen heißt sie beantworten.

**Franzosen.** Das erste Volk des Universums.

**Frau.** Angehörige des schönen bzw. schwachen Geschlechts. – Was einer Frau gut zu Gesicht steht. – Derzeitige Bedeutung der Frau. – Nicht sagen »meine Frau«, sondern »meine Gattin« oder, noch besser, »meine bessere Hälfte«. – Kotelett von Adam.

**Freihandel.** Wurzel all unseren Übels.

**Freiheit.** »O Freiheit! Wie viele Verbrechen begeht man in deinem Namen!« – »Freiheit bedeutet etwas anderes als Zügellosigkeit«: Phrase eines Konservativen. – Wir haben alle Freiheiten, die notwendig sind. – Die ich meine.

**Freimaurerei.** Noch eine der Ursachen der Revolution. – Die Initiationsriten sind schrecklich; manche Leute sind dabei gestorben! – Ursache von häuslichen Auseinandersetzungen. – Von den Geistlichen nicht gern gesehen. – »Was mag wohl ihr Geheimnis sein?«

**Freimut.** Immer »entwaffnend«. Man ist davon durchdrungen, oder er geht einem völlig ab.

**Freischärler.** Schrecklicher als der Feind.

**Fremdling.** Immer »edel«.

**Fremdsprachen.** Lernt man am besten im Land selbst. – Alles Unglück Frankreichs kommt daher, daß man nicht genug Fremdsprachen kennt.

**Freske.** Macht man nicht mehr.

**Freude.** Die Mutter der Spiele und des Lachens; von

ihren »Mädchen« sollte man nicht reden. – Schöner Götterfunke.

**Freudenmädchen.** Hat nicht viel zu lachen.

**Frikassee.** Wird nur auf dem Land gut gemacht.

**Fröhlichkeit.** Immer »überschäumend«. – Die Freude ausgelassener Fröhlichkeit.

**Frontispiz.** Große Männer machen sich dort gut.

**Frosch.** Männchen der Kröte. – »Sei kein Frosch.« – »Kröte oder Frosch, das ist doch gehupft wie gesprungen.«

**Frostbeule.** Zeichen von Gesundheit. Kommt davon, daß man sich wärmt, wenn man friert.

**Frühaufsteher.** Es sein: Beweis für Sittlichkeit. – Wenn man um vier Uhr morgens schlafen geht und um acht Uhr aufsteht, ist man faul, aber wenn man abends um neun Uhr schlafen geht und um fünf Uhr aufsteht, ist man aktiv.

**Füllwort.** Verskunst.

**Füsilieren.** Vornehmer als guillotinieren. – Wonne des Mannes, dem man diese Gunst gewährt.

**Fuge.** Man weiß zwar nicht, wie das geht, aber man halte dafür, daß es sehr schwierig ist und sehr langweilig. – Die Welt ist aus den Fugen.

**Fulminant.** Prima Wort.

**Furunkel.** Zeichen von Gesundheit; ja nicht wegmachen lassen (vgl. **Pickel**).

**Fußgeruch.** Zeichen von Gesundheit.

**Fußschweiß.** Zeichen von Gesundheit.

# G.

**Gabel.** Müssen immer aus Silber sein, das ist weniger gefährlich. – Man nehme sie in die linke Hand, das ist bequemer und distinguierter.

**Gähnen.** Man sage: »Entschuldigen Sie bitte, es ist nicht etwa Langeweile, sondern mein Magen ist nicht ganz in Ordnung.«

**Gärten, englische.** Natürlicher als die französischen.

**Gallophobe.** Man verwende diesen Ausdruck, wenn von deutschen Journalisten die Rede ist.

**Galopp.** Immer mit dem Verb »fallen« verwenden: »in Galopp fallen«.

**Garde.** »Die Garde stirbt, aber sie ergibt sich nicht!« – Acht Wörter, um fünf Buchstaben zu ersetzen.

**Gassenjunge.** Immer: Pariser Gassenjunge. – Ist immer sehr gewitzt.

**Gebären.** Ein Wort, das man vermeiden soll; man ersetze es durch »soweit sein«: »Und wann glauben Sie, daß es soweit ist?«

**Gedächtnis.** Man klage über das seine und rühme sich sogar, keines zu haben; aber man brülle los, wenn einem das Urteilsvermögen abgesprochen wird.

**Gefallen.** Man tut ihnen einen Gefallen, wenn man: die Kinder ohrfeigt; die Tiere schlägt; die Dienstboten entläßt; die Übeltäter bestraft.

**Gegenstand.** Gegenstände, mit denen ein Verbrechen begangen wurde, sind immer stumpf; es sei denn, sie wären scharf.

**Geheimfonds.** Unsummen, mit denen die Minister die Gewissen kaufen. – Auch zur Fundierung von Reptilien. – Man entrüste sich.

**Geist.** Weht, wo er will. – Gerufen, wird man ihn nicht mehr los. – Ist willig, Fleisch dagegen schwach.

**Gelächter.** Ist immer homerisch.

**Gelassenheit.** Macht sich gut, wirkt außerdem sehr britisch. – Immer »unerschütterlich«.

**Geld.** Der Gott des Tages (nicht zu verwechseln mit Apoll). – Minister nennen es Bezüge, Notare Gebühren, Ärzte Honorare, Angestellte Gehälter, Arbeiter und Domestiken Löhne. – Geld allein macht nicht glücklich. – Wurzel allen Übels. – Man entwickle Wirtschaftstheorien. – Man sage: *Auri sacra fames.*

**Gelehrsamkeit.** Man verachte sie als Kennzeichen eines beschränkten Geistes.

**Gelehrte.** Haben die Weisheit mit Löffeln gefressen. – Man mache sich über sie lustig. – Um Gelehrter zu sein, braucht man nur ein gutes Gedächtnis. – Born des Wissens.

**Gemeinschaft, eheliche.** Immer mit Respekt darüber reden.

**Gendarm.** Bollwerk der Gesellschaft.

**Gendarmerie.** Sagen Sie »Ordnungshüter«. – Oder »Büttel«.

**General.** Auszusprechen »Herr Gähnral«. – Ist immer »tapfer«. – Befaßt sich »generell« mit Dingen, die nichts mit seinem Rang zu tun haben, z. B. als Botschafter, Stadtrat oder Regierungschef.

**Genie.** Immer krankhaft. »Genie und Wahnsinn.«

**Genuß.** Obszönes Wort.

**Geometer.** »Zutritt nur für Geometer.«

**Gerechtigkeit.** Man sorge sich nicht um sie.

**Geschäfte (die).** Haben immer Vorrang. – Eine Frau muß vermeiden, von den ihren zu reden. – Sind im Leben das Wichtigste. – »Darum geht's.«

**Geschenk.** Nicht der Wert macht seinen Reiz aus, oder vielmehr nicht der Preis macht seinen Wert aus. »Das Geschenk ist Nebensache, auf die Geste kommt es an.«

**Geschlechtsteile.** Für die einen die »Schamteile«, für die anderen »das Natürlichste der Welt«.

**Geschmack.** »Schlichtheit zeugt immer von gutem Geschmack«, sage man jeder Frau, die sich ob der Bescheidenheit ihrer Toilette entschuldigt.

**Geschrieben.** »Es ist schön geschrieben«, Ausdruck der Portiers, wenn sie von Fortsetzungsromanen oder Schulheften sprechen.

**Geschworener.** Alles daran setzen, nie einer zu werden.

**Gesellschaft.** Ihre Feinde. – Was ihren Untergang herbeiführt.

**Gesicht.** »Spiegel der Seele«; dann haben manche Leute wohl ziemlich scheußliche Seelen.

**Gesinde.** Lauter Gesindel.

**Gestüte (die Frage der).** Schönes Thema für Parlamentsdebatten.

**Gesundheit.** Zu viel: Ursache von Krankheiten.

**Gewalt.** »Gewalt geht vor Recht« (Bismarck).

**Gewehrpyramide.** Eine zu bilden gilt in der Nationalgarde als Gipfel der Schwierigkeit.

**Gewohnheit.** Immer hinzufügen: »ist wie eine zweite Haut«. – Die Gewohnheiten von Internatszöglingen sind »schlechte Gewohnheiten«.

**Giaur.** Bösartiger Ausdruck, von unbekannter Bedeutung, doch weiß man, daß er etwas mit dem Orient zu tun hat.

**Giraffe.** Höfliches Wort, wenn man eine Frau nicht »Kamel« nennen will.

**Girondisten.** Sind eher zu bedauern als zu tadeln.

**Glanz und Gloria.** Verleiht Autorität. Beeindruckt die Massen. »Man braucht es halt. Man braucht es halt.«

**Glasmalerei.** Ihr Geheimnis ist verlorengegangen.

**Glückwünsche.** Sind immer »herzlich«.

**Gobelin.** Ist eine unerhörte Arbeit, zu der man fünfzig Jahre braucht. – Man rufe immer davor aus: »Das ist schöner als jedes Gemälde!« – Der's macht, weiß gar nicht, was er da tut.

**Goddam.** Die Grundlage der englischen Sprache, »wie Beaumarchais sagte«, und dabei kichere man mitleidig.

**Göttermord.** Man entrüste sich darüber, obgleich das Verbrechen nicht gerade häufig ist.

**Götzendiener.** Sind Kannibalen.

**Gog.** Immer »Magog« anhängen: »Gog und Magog«.

**Goldschlägerhäutchen.** Dient nur dazu, Ballone herzustellen.

**Golfstrom.** Neu entdeckte Stadt in Norwegen.

**Gotik.** Baustil, der die Frömmigkeit mehr fördert als andere.

**Gott.** Voltaire hat es selbst gesagt: »Wenn Gott nicht existierte, so müßte man ihn erfinden.«

**Gottlosigkeit.** Man wettere dagegen.

**Grammatik.** Bringe man Kindern schon im zarten Alter bei, als etwas Klares und Leichtes.

**Grammatiker.** Alles Pedanten.

**Granate.** Wird für die Herstellung von Pendeln und Tintenfässern verwendet.

**Greis.** Gelegentlich einer Überschwemmung, eines Unwetters etc. erinnern sich die Greise der Gegend nie, je etwas Ähnliches gesehen zu haben.

**Grisetten.** »Heutzutage gibt es keine Grisetten mehr!«

Man sage dies mit der Miene des enttäuschten Jägers, der beklagt, daß es kein Wild mehr gibt.

**Grog.** Ist nicht »comme il faut«.

**Grübchen.** Einer schönen Frau sage man immer, aus ihren Grübchen blinzele Cupido.

**Grundlage.** Alle Nachrichten entbehren jeglicher.

**Grundlagen der Gesellschaft.** Das Eigentum, die Familie, die Religion, der Respekt vor Autoritäten. – Man ergrimme, wenn sie angegriffen werden.

**Gruppe.** Macht sich gut auf dem Kaminsims und in der Politik.

**Guerrilla.** Schadet dem Feind mehr als die reguläre Armee.

**Gummi, elastischer.** Wird immer aus dem Hodensack von Pferden hergestellt.

**Gymnastik.** Kann man gar nicht genug betreiben. – Damit macht man Kinder bettreif.

H.

**Haar.** Die Haare kräuseln zu lassen schickt sich nicht für einen Mann.

**Hämorrhoiden.** Sind ein Zeichen von Gesundheit; ja nicht wegmachen lassen. – Die Leiden des Hl. Fiaker. – Kommt vom Sitzen auf Ofen- und Steinbänken.

**Hängematte.** Gehört zu den Kreolen. – Unerläßlich auf dem Lande. – Sich einreden, man liege darin besser als in einem Bett.

**Hahn.** Ein magerer Mann muß immer sagen, ein guter Hahn sei niemals fett.

**Halbkugeln.** Schamhaftes Wort zur Bezeichnung der Brüste einer Frau: »Lassen Sie mich Ihre anbetungswürdigen Halbkugeln küssen.«

**Halstuch.** Es ist »comme il faut«, sich in ein solches zu schneuzen.

**Hand.** Eine flüssige Hand haben heißt schnell schreiben.

**Handel.** Die leidige Diskussion, was vornehmer ist: Handel oder Industrie. – »Freihandel« etc.

**Handschuhe.** Ohne Handschuhe ist man nicht »comme il faut«.

**Harem.** Man vergleiche einen Hahn inmitten seiner Hennen immer mit einem Sultan in seinem Harem. – Traum aller Gymnasiasten.

**Harfe.** Bringt himmlische Harmonien hervor. – Wird, nach alten Stichen zu urteilen, nur in Ruinen oder am Ufer eines Wildbachs gespielt. – Läßt Arm und Hand zu Geltung kommen.

**Hart.** Unweigerlich anhängen: »wie Stahl«. – Es gibt auch »hart wie Stein«, aber das ist weniger energisch.

**Haschisch.** Nicht mit »Haschee« verwechseln, das zwar auch über die Lunge geht, aber keinerlei schwelgerische Ekstasen bewirkt.

**Hase.** Schläft mit offenen Augen. – Wenn er so heißt, weiß er von nichts.

**Haushalt.** Man spreche mit Achtung davon.

**Hauslehrerinnen.** Kommen immer aus einer sehr guten Familie, die vom Unglück heimgesucht worden ist. – Sind gefährlich: verführen den Herrn des Hauses.

**Hautflechte.** Zeichen von Gesundheit. (vgl. **Pickel, Furunkel**).

**Hebräisch.** All das, was man nicht versteht. – Ursprung aller Sprachen.

**Heiduck.** Mit Eunuch verwechseln.

**Heim.** Immer »traut« und »unverletzlich«; trotzdem dringen Justiz und Polizei dort ein, wenn sie wollen. – Die eigenen vier Wände.

**Heinrich III. und Heinrich IV.** Im Zusammenhang mit diesen Königen versäume man nicht zu sagen: »Alle Heinriche waren unglücklich.«

**Helldunkel.** Da dämmert einem nichts.

**Hellebarde.** In der Schweiz tragen alle Männer Hellebarden. – Wenn Kastraten singen, sage man: »Ich höre helle Barden.«

**Heloten.** Beispiel, das man seinem Sohn vor Augen führen muß, aber man weiß nicht, wo sie zu finden sind.

**Hengst.** Immer »feurig«. (Andernfalls hielte man ihn sich nicht als solchen.) – Eine Frau ignoriere den Unterschied zwischen einem Hengst und einem Pferd. – Für kleine Mädchen: Pferd, das größer ist als ein anderes.

**Henker.** Vererbt sich immer vom Vater auf den Sohn.

**Heranwachsend.** Man beginne die Rede zu einer Preisverleihung nie anders als: »Liebe junge Heranwachsende«, was ein Pleonasmus ist.

**Hering.** Hollands Reichtum.

**Herkules.** Alles Herkulische ist nordisch.

**Hermaphrodit.** Erregt ungesunde Neugier. – Einen zu sehen versuchen.

**Herrenfrühstück.** Erfordert Austern, Weißwein und Zoten.

**Hiatus.** Unbedingt vermeiden!

**Hieroglyphen.** Alte Sprache der Ägypter. – Mysteriöse Schrift, von den Priestern erfunden, um ihre Geheimnisse zu verbergen. – »Wenn man bedenkt, daß es Leute gibt, die das lesen können!« – »Was heißt das schon, vielleicht ist alles bloß erfunden?!«

**Hingabe.** Man beklage sich darüber, daß sie den anderen abgeht. – »In dieser Hinsicht sind wir dem Hund weit unterlegen.«

**Hinrichtungen.** Man beklage sich über die Frauen, die zuschauen gehen.

**Hippokrates.** Ei des. – Man zitiere ihn immer lateinisch, weil er griechisch geschrieben hat, außer bei diesem Satz: »Hippokrates sagt ja, Galenus sagt nein.«

**Hippolytos.** Sein Tod ist das schönste Beispiel hoher Erzählkunst, das Ihnen überhaupt einfällt. – Jeder müßte diese Passage auswendig kennen.

**Hirngespinste.** Hochfliegende Ideen, die man selber nicht versteht, bezeichne man als »Hirngespinste«.

**Hitze.** Immer »unerträglich«. – »Es ist zum Ersticken.« – Nicht trinken, wenn es heiß ist.

**Hochstapler.** Ist immer weltläufig (vgl. **Spion**).

**Höhlen.** Übliche Behausung von Räubern. – Sind immer voller Schlangen.

**Hörner.** Jede Frau muß ihrem Mann Hörner aufsetzen.

**Holzschuhe.** Ein reicher Mann, der klein angefangen hat, ist immer »in Holzschuhen« nach Paris gekommen.

**Homer.** Hat nie gelebt, war ein anderer Autor gleichen Namens. – Berühmt für sein Gelächter.

**Homo.** Man rufe *Ecce homo!*, wenn man das Individuum eintreten sieht, auf das man wartet.

**Horizonte.** Die der Natur immer schön finden, die der Politik immer düster.

**Hospodar.** Macht sich gut in einem Satz im Zusammenhang mit der »Orientfrage«.

**Hotels.** Sind nur in der Schweiz gut.

**Hühnerauge.** Zeigt eine Wetteränderung besser an als das Barometer. – Sehr gefährlich, wenn es schlecht geschnitten wird; schreckliche Fälle dieser Art erwähnen. – Man vermeide das Treppensteigen, davon bekommt man Hühneraugen. – Das Klügste ist es, sie nicht zu schneiden, sondern mit den Fingernägeln herauszureißen und ein in Essig eingelegtes Stück Fleisch darauf zu applizieren. »Lebewohl!«

**Hüte.** Man protestiere gegen die Form der.

**Hugo (Victor).** »Ein großer Dichter – ein Jammer, daß er nicht die Finger lassen konnte von der Politik.«

**Hund.** Eigens erschaffen, seinem Herrn das Leben zu retten. – Der Hund ist des Menschen bester Freund. – »Ein Mensch, den er ablehnt, an dem ist was faul.« – »Alles in Ordnung. Der riecht nur, daß

Sie Angst haben.« – Schwefel ins Wasser tun, damit er nicht tollwütig wird.

**Husar.** Es war einmal ein treuer. – Wie Zieten aus dem Busch. – Gefällt den Damen. – Sehr elegant.

**Hydra.** Der Anarchie, des Sozialismus (aller Systeme, die einem angst machen). Man versuche, sie zu enthaupten.

**Hydrotherapie.** Heilt alle Krankheiten und verursacht sie.

**Hygiene.** Darf nie »übertrieben« werden. – Schützt vor Krankheiten – sofern sie diese nicht verursacht.

**Hypothek.** Man fordere die »Reform des Hypothekenwesens«, sehr chic.

**Hypothese.** Oft »waghalsig«, immer »kühn«.

**Hysterie.** Was man sich darunter so vorstellt. – Die Hysterikerin ist der Traum aller Wüstlinge. – Wird mit Nymphomanie verwechselt.

# I.

**Ideal.** Völlig unnütz.

**Ideologen.** Alle Journalisten.

**Ilias.** Immer gefolgt von »und Odyssee«.

**Illusionen.** Man gebärde sich, als habe man viele gehabt; man bedauere, sie verloren zu haben.

**Imbroglio.** Die Grundlage aller Theaterstücke.

**Imperialisten.** Durch die Bank ehrliche, friedliche, höfliche, vornehme Leute.

**Impfen.** Man verkehre nur mit geimpften Personen.

**Import.** Volkswirtschaftsschädling.

**Impresario.** Künstlerwort, das »Direktor« bedeutet. – Immer »wendig«.

**Industrie.** Als Laufbahn nobler denn Handel (vgl. **Handel**).

**Industrie, Handel.** Gute Laufbahn. Bietet alle Möglichkeiten. – Z. B. Aristoteles: Er war Parfümhändler in Athen.

**Infinitesimal.** Man weiß nicht, was das ist; es hat aber irgendwas mit Homöopathie zu tun.

**Ingenieur.** Der schönste Titel, das muß der Neid lassen; aber es genügt ja auch schon, Brillen zu verkaufen, um sich »staatlich geprüfter Optiker« zu nennen. – Die beste Laufbahn für einen jungen Mann – was man von allen Berufen sagen kann. – Kennt alle Wissenschaften. – »Dem Ingenieur ist nichts zu schwör.«

**Inkognito.** Reisekleidung von Fürsten.

**Inquisition.** Man hat ihre Verbrechen stark übertrieben.

**Inspiration.** Was sie hervorruft: die Natur, die Frauen, der Wein etc.

**Instinkt.** Wiegt Intelligenz auf.

**Institut (de France).** Die Mitglieder des Institut de France sind alle Greise und tragen Augenschirme aus grünem Taft. – Man witzele darüber.

**Integrität.** Ist vor allem den Richtern eigen.

**Intrige.** Einzige Möglichkeit hochzukommen. Alles weitere ergibt sich daraus.

**Italien.** Ziel aller Hochzeitsreisen. – *Italiam! Italiam!* – Ziemlich enttäuschend: nicht so schön, wie man immer sagt. – In Anwesenheit von Damen sage man nie: »Sie zogen gen Italien.«

**Italiener.** Alles Musikanten, alles Verräter.

**Ius primae noctis.** Nicht daran glauben.

# J.

**Jäger.** Alle Jäger sind Aufschneider. – Wenn man sie »Nimrod« nennt, sind sie immer geschmeichelt, ohne zu wissen, warum; desgleichen »großer Jäger vor dem Herrn«. – Das ganze Brimborium. »Morgenstund...« – Das Schuhwerk ist besonders schwer und unbequem, da man ja viel gehen muß. – Gebärdet sich bäuerisch.

**Jagd.** Edles Waidwerk. Ausgezeichnet für die Gesundheit. – Man muß immer so tun, als sei man davon begeistert. – Ist Teil der Prachtentfaltung der Souveräne. – Hält die Gerichte in Atem.

**Jagdhorn.** Wirkt gut in den Wäldern (und abends auf dem Wasser). – »Trara, es tönt wie Jagdgesang.«

**Jansenismus.** Man weiß nicht, was das ist, aber es ist sehr chic, davon zu sprechen.

**Japan.** Dort ist alles aus Porzellan.

**Jaspis.** Alle Vasen aller Museen sind aus Jaspis.

**Jesuiten.** Söhne von Loyola. Haben bei allen Revolutionen die Hände im Spiel. Man ahnt ja nicht, wie viele es von ihnen gibt. – Kein Wort über die »Jesuitenschlacht«.

**Jockey.** Man bedaure die Gattung der Jockeys.

**Jockey-Club.** Die Mitglieder sind alles leichtlebige, reiche junge Leute. Einfach »der Jockey« sagen, sehr chic, läßt denken, man gehöre dazu.

**John Bull.** Fällt einem der Name eines Engländers nicht ein, nenne man ihn so.

**Jude.** Sohn Israels. – Alle Juden handeln mit Operngucken. – Dienten den Römern zur Zerstreuung.

**Jugend.** Schön ist die. – Kehrt nie zurück. – Schnell fertig mit dem Wort.

**Junger Mann.** Muß sich immer die Hörner abstoßen. Man wundere sich, wenn er es nicht tut. »Was! Sie als junger Mann ...« – Zu seinen Pflichten gehört: singen, tanzen, Schulden haben, allerdings nicht zu große.

**Jungfrau.** Immer »von Orléans«.

**Junggesellen.** Alles Egoisten und Wüstlinge, gehen mit ihren Dienstmädchen ins Bett. Man wettere dagegen. – Müßten eine Extrasteuer zahlen. – »Was für ein trauriges Leben die mal haben werden!«

**Junggesellenbude.** Immer schmutzig, verstaubt, unordentlich. Obszöne Bilder an den Wänden. Überall liegt Frauenkram herum. Abgestandener Zigarettenrauch. Und das Bett immer ungemacht. – Da käme allerhand zum Vorschein.

# K.

**Kälte.** Gesünder als Hitze.

**Käse.** Man zitiere den Aphorismus von Brillat-Savarin: »Ein Essen ohne Käse ist wie eine schöne Frau, der ein Auge fehlt.«

**Kaffee.** Nur gut, wenn er aus Le Havre kommt. – Verleiht Esprit. – Bei einem großen Diner im Stehen zu trinken. – Man trinke ihn ohne Zucker; sehr chic, erweckt den Eindruck, man habe im Orient gelebt.

**Kahlköpfigkeit.** Immer zu früh, verursacht durch jugendliche Ausschweifungen oder durch das Wälzen großer Gedanken.

**Kaiserinnen.** Alle schön.

**Kaleidoskop.** Man verwende das Wort nur im Zusammenhang mit Gemäldegalerien.

**Kamel.** Hat zwei Höcker und das Dromedar nur einen, oder: Das Kamel hat einen Höcker und das Dromedar zwei. Man vertut sich da leicht. – »Ausdauernd wie ein Kamel.«

**Kamin.** Qualmt immer. – Diskussionsgegenstand im Zusammenhang mit dem Heizen.

**Kamm.** Verursacht Haarausfall.

**Kammerzofen.** Oft hübscher als ihre Herrinnen. – Kennen deren Geheimnisse und verraten sie. – Immer vom Sohn des Hauses entehrt.

**Kaninchenfrikassee.** Immer aus Katzenfleisch.

**Kanonade.** Verändert das Wetter.– Man lege das Ohr auf die Erde, um eine weit entfernte zu hören.

**Kanonenkugel.** Der Luftzug einer vorbeifliegenden Kanonenkugel verschlägt einem den Atem. Macht blind.

**Kartäuser.** Verbringen ihre Zeit damit, Chartreuse

herzustellen, ihr Grab zu schaufeln und zu sagen: »Bruder, es muß gestorben sein.«

**Kastanie.** Mutter der Kastagnette.

**Kastell.** Ist immer unter Philippe-Auguste belagert worden.

**Katholizismus.** Hat auf die Künste einen sehr günstigen Einfluß gehabt. – Man beweise das Gegenteil.

**Katzen.** Sind falsch. – Sie »Salontiger« nennen (chic). – Ihnen den Schwanz abschneiden, um die Drehkrankheit zu vermeiden. – Daher das Wort »katztrieren«.

**Kauderwelsch.** Sprechweise der Ausländer. – Man lache immer über den Ausländer, der schlecht Französisch spricht. – Mit Ausländern spreche man immer Kauderwelsch, egal aus welchem Land sie kommen; etwas anderes verstehen sie nicht. – Wird auch für Telegramme verwendet.

**Kavallerie.** Nobler als die Infanterie.

**Keim.** Keimende Ideen. – Schlummernde Keime wekken. – Aufkeimende Leidenschaft.

**Kerker.** Das Stroh darin ist immer feucht. – Immer »schaurig«. Ein heimeliger ist einem noch nie untergekommen.

**Kiesel.** Vom Strand immer welche mitbringen.

**Kinder.** Man schütze geradezu lyrische Zärtlichkeit für sie vor – wenn jemand dabei ist.

**Kindsmord.** Wird nur im einfachen Volk begangen.

**Kiosk.** Pavillon der Lustbarkeiten in einem Park.

**Klarinette.** Man wird arm und blind, wenn man sie spielt. Beweis: Alle blinden Bettler spielen Klarinette.

**Klassiker.** Sollte man kennen.

**Klavier.** Unerläßlich in einem Salon.

**Knoblauch.** Tötet Bauchwürmer ab und schafft Stimmung für Liebesgefechte. – Als Heinrich IV. zur Welt kam, rief man ihm damit die Lippen ein.

**Knoten, gordischer.** Antike Form, die Krawatte zu binden.

**Knüppel.** Furchtbarer als das Schwert.

**Knute.** Wort, das die Russen ärgert.

**Körper.** Wenn wir wüßten, wie unser Körper gebaut ist, würden wir keine Bewegung wagen.

**Körpersäfte.** Sich freuen, wenn sie austreten, und sich wundern, daß der Körper derartige Mengen davon enthält.

**Kollegium, Lyzeum.** Feiner als »Internat«.

**Kolonien (unsere).** Betrübt dreinblicken, wenn davon die Rede ist.

**Kometen.** Man lache über die Leute, die sich davor fürchteten.

**Komfort.** Kostbare moderne Entdeckung.

**Komisch.** Bei jeder Gelegenheit verwenden. – »Nein, wie komisch!«

**Kommunion.** Die Erste Kommunion: der schönste Tag des Lebens.

**Komödiant.** Immer »Schmieren-« davorsetzen.

**Komödie.** *Castigat ridendo mores.* – Verskomödie: nicht mehr zeitgemäß. – Indessen muß man die große Komödie gelten lassen.

**Kompilation.** Kann jeder zusammenschustern.

**Konditor.** Alle Bewohner von Rouen sind Konditoren.

**Konkurrenz.** Belebt das Geschäft.

**Konservativer.** Politiker mit dickem Bauch. – »Sie Stockkonservativer!« – »Ja, mein Herr; der Stock hält mir die Kläffer vom Leibe.«

**Kontra-Alt.** Da klingelt gar nichts.

**Kontur.** Von jeder Statue, die man betrachtet, sagen: »Es fehlt ihr nicht an harmonischer Kontur.«

**Konversation.** Politik und Religion sind auszuklammern.

**Konzert.** Gesellschaftsfähiger Zeitvertreib.

**Konzertreihe.** Ein Konzertabonnement ist unerläßlich.

**Konzession.** Nie welche machen; sie haben Ludwig XVI. den Kopf gekostet.

**Kopaivabalsam.** So tun, als ob einen das nicht jucken könnte.

**Kopfkissen.** Man gebrauche nie eines, macht bucklig.

**Kopulation/Koitus.** Man vermeide diese Wörter. – Man sage: »Sie hatten eine intime Beziehung...«

**Koran.** Buch von Mohammed, in dem es nur um Frauen geht.

**Korsett.** Da kriegt man keine Kinder.

**Kosaken.** Fressen Kerzen.

**Kranker.** Um einen Kranken aufzuheitern, lache man über seine Erkrankungen und leugne seine Leiden.

**Krebs.** Krebse gehen rückwärts. – Reaktionären immer »Krebsgang« nachsagen.

**Kreise.** Man sollte »besseren« angehören.

**Kreole.** Lebt in einer Hängematte.

**Kreuzzüge.** Nur nützlich für den Handel Venedigs.

**Krieg.** Man wettere dagegen.

**Kritiker.** Literaturpapst. Großkritiker. – Soll alles kennen, alles wissen, alles gelesen, alles gesehen haben. – Wenn er einem mißfällt, nenne man ihn einen Beckmesser, Kritikaster oder Eunuchen (sie wissen wie, aber sie können nicht).

**Kröte.** Weibchen des Frosches. – Ihr Gift ist sehr gefährlich. – Lebt *im Innern* eines Steins.

**Krokodil.** Aussprache: nicht Kokodrill oder Korkidyll. – Ahmt Kindergeschrei nach, um Menschen anzulocken. – Seine Haut eignet sich vorzüglich für die Herstellung von Handschuhen. – Krokodilstränen.

**Kruzifix.** Macht sich gut überm Bett – und der Guillotine.

**Küche.** Im Restaurant: liegt immer schwer im Magen. – Bürgerliche: immer gesund. – Im Süden: zu stark gewürzt oder alles in Öl. – Der Eintopf schmeckt nur hausgemacht.

**Künstler.** Man muß über alles lachen, was sie sagen. Alles Faxenmacher. – Ihre Uneigennützigkeit rühmen (veraltet). – Sich wundern, daß sie angezogen sind wie jedermann (veraltet). – Eine Künstlerin ist sowieso ein Flittchen oder ein Blaustrumpf. – Verdienen ungeheure Summen, werfen sie aber zum Fenster raus. – Was die tun, kann man nicht arbeiten nennen. – Sind oft zum Essen eingeladen.

**Kunst.** Führt ins Armenhaus. – Völlig unnütz, da sie ohnehin durch Maschinen ersetzt wird, die auch noch »schneller und besser« sind. – Schöne Künste, Kunstgewerbe.

**Kuppel.** Architektonischer Kraftakt. – »Wie das bloß hält?« – Man nenne zwei Beispiele: die Kuppeln des Invalidendoms und der Peterskirche in Rom.

**Kurtisanen.** Man bezeichne sie als: Kreaturen, Hetären, Liebesdienerinnen, Schlampen. – Ein notwendiges Übel. – Schutz und Schirm unserer Töchter und Schwestern (solange es Junggesellen gibt). – Oder: Die müßten unbarmherzig verjagt werden. – Man kann ja mit seiner Frau nicht mehr ausgehen, die Boulevards wimmeln dermaßen von ihnen. – Es sind immer Mädchen aus dem Volk, die von reichen Bürgern verführt worden sind.

**Kuß.** Man sage Umarmung, das ist dezenter. – Ein Kuß wird »geraubt« oder appliziert auf die Stirn des Mädchens, die Wange der Mama, der Hand der schönen Frau, den Hals des Kindes, die Lippen der Geliebten.

L.

**Laboratorium.** Auf dem Lande *muß* man einfach eines haben.

**La Fontaine.** Man betone, daß man seine Erzählungen nie gelesen habe. – Man nenne ihn: »der Gute« – »der unsterbliche Fabulist«.

**Lagune.** Stadt an der Adria.

**Laken.** Die genormten kommen alle aus Dinslaken.

**Lakonismus.** Tote Sprache.

**Land.** Die Leute vom Land: besser als die aus der Stadt; man beneide sie um ihr Los. – Auf dem Land ist alles erlaubt: Man muß es sich immer bequem machen, alte Klamotten, dröhnende Fröhlichkeit, derbe Scherze, man sitzt auf der Erde, raucht Pfeife.

**Landjunker.** Krautjunker. Man zeige für ihn tiefste Verachtung.

**Landmann.** Immer »fröhlich« und »wohlgemuth«.

**Landschaften (von Malern).** Immer »lauter Grünzeug«.

**Landwirte.** Alle wohlhabend.

**Landwirtschaft.** Eine der Zitzen des Staates (der Staat ist männlichen Geschlechts, macht aber nichts). – Sollte gefördert werden. – Es fehlt ihr an Arbeitskräften. – Aktuelles Gesprächsthema.

**Languste.** Weibchen des Hummers.

**Latein.** Natürliche Sprache des Menschen. – Verdirbt den Stil. – Ist nur nützlich, um die Inschriften an öffentlichen Brunnen zu lesen. – Aufgepaßt bei lateinischen Zitaten, sie bergen immer irgend etwas Schlüpfriges. *Cum grano salis* sollte man einige Zitate beherrschen.

**Leder.** Immer russisch.

**Legalität.** Legalität würde uns umbringen; strikte Gesetzestreue macht jedes Regieren unmöglich.

**Lehrer.** Nichts ist hehrer als ein Lehrer.

**Lehrerinnen.** Müssen immer sehr häßlich sein. Tragen alle dunkle Brillen.

**Leibesübung.** Stählt die Gesundheit. – Bewahrt vor allen Krankheiten. – Kann man nie genug machen.

**Lethargie.** Man hat welche gesehen, die Jahre dauerten.

**Libertinage.** Gibt es nur in Großstädten.

**Licht.** Man sage immer *Fiat lux!*, wenn man eine Kerze anzündet.

**Linkshänder.** Furchtbarer Gegner beim Fechten. – Geschickter als Rechtshänder.

**Literatur.** Beschäftigung für Müßiggänger.

**Littré.** Man lache höhnisch, wenn man seinen Namen hört: »Dieser Herr, der sagt, wir stammten von den Affen ab!«

**Löwe.** Gut gebrüllt, Löwe! – Brüllt, wenn er nicht schweigt. – »Und wenn man bedenkt, daß Löwen und Tiger Katzen sind!« – Großmütiger als der Tiger. – Spielt immer mit einem Ball. – Gefährlich ist's, ihn zu wecken.

**Lorbeeren.** Sind kein gutes Ruhekissen.

**Lord.** Reicher Engländer.

**Lorgnon.** Hochmütig und vornehm.

**Luchs.** Tier, berühmt für seine Augen.

**Ludwig XVI.** Man sage immer: »Dieser glücklose Monarch«.

**Lüneburger Heide.** Da wächst kein Gras.

**Luft.** Vor Zugluft soll man immer auf der Hut sein. – Die Luft steht im Grunde unweigerlich im Widerspruch zur Temperatur: wenn diese warm ist, ist jene kalt, und umgekehrt.

# M.

**Machiavelli.** Man habe ihn nicht gelesen, halte ihn jedoch für einen Schurken.

**Machiavellismus.** Gewalttätiges und furchtbares Wort, das man nur mit Schaudern ausspreche.

**Mackintosh.** Schottischer Philosoph. – Erfinder des Regenmantels.

**Mädchen.** Alle Mädchen sind »blaß« und »zerbrechlich«. Immer »rein«. – Man halte sie fern von jeder Art von Büchern, Museen, Theatern sowie vor allem dem Jardin des Plantes, Abteilung Affen. – »Mädchen« – man spreche dieses Wort stets mit einer gewissen Zaghaftigkeit aus.

**Märtyrer.** Alle Urchristen waren welche.

**Maestro.** Italienisches Wort, bedeutet »Pianist«.

**Magen.** Alle Krankheiten kommen vom Magen.

**Magie.** Man mokiere sich darüber.

**Magnetismus.** Hübsches Thema für Gespräche mit Damen. Wirkt anziehend auf Frauen.

**Maikäfer.** Sohn des Lenzes. – In Reden über die von ihnen angerichteten Verwüstungen bezeichne man sie als »gräßliches Geziefer«. – Schönes Thema für ein Opusculum. – Ihre radikale Ausrottung ist der Traum jedes Präfekten.

**Makkaroni.** Sind sie nach italienischer Art zubereitet, muß man sich der Finger bedienen.

**Malthus.** »Der infame Malthus.« – Man kennt nicht einmal den Titel seines Buchs.

**Mamelucken.** Altes Volk im Orient.

**Mandoline.** Unerläßlich zur Verführung von Spanierinnen.

**Mantel.** Stets »mauerfarben« – für galante Abenteuer.

**Marmor.** Kommt immer aus Carrara.

**Marseille.** Seine Einwohner sind alle geistreich.

**Maske.** Macht geistreich.

**Masturbation.** Vgl. Handwörterbuch der Académie.

**Materialismus.** Man spreche dieses Wort voller Abscheu aus; dabei betone man jede Silbe einzeln.

**Mathematik.** Tötet das Gefühl ab.

**Matratze.** Je härter, desto gesünder.

**Maulwurf.** »Blind wie ein Maulwurf«, und dabei hat der ja Augen.

**Maxime.** Eine Maxime ist niemals neu, aber immer trostreich.

**Mechanik.** Unterteil der Mathematik.

**Medaillon.** Hat immer eine Haarlocke oder eine Photographie zu bergen.

**Medizin.** Man mache sich darüber lustig, wenn man gesund ist.

**Medizinstudenten.** Schlafen und essen neben Leichen. – Manche kosten davon.

**Meer.** Ist bodenlos. – Sinnbild der Unendlichkeit. – Flößt erhabene Gedanken ein. – Am Gestade habe man immer ein Fernglas bei sich. – Bei Betrachtung des Meeres sage man immer: »So viel Wasser!«

**Melancholie.** Zeichen für einen erhabenen Geist und ein vornehmes Herz.

**Melodramen.** Minder unmoralisch denn Dramen.

**Melone.** Nettes Gesprächsthema bei Tisch. »Zählt sie zum Gemüse? Zählt sie zum Obst?« – Die Engländer essen sie zum Nachtisch, was verwunderlich ist. – »Die Geschmäcker sind eben verschieden.«

**Menge.** *Turba ruit* oder *ruunt*. – Immer wankelmütig. – Hat immer gute Instinkte.

**Mephistophelisch.** Man sage dies über jedes bittere Lachen.

**Messer.** Heißt »Dolch«, wenn mit ihm ein Verbrechen verübt wurde.

**Metallurgie.** Sehr chic.

**Metamorphosen.** Man mache sich lustig über die Zeit, da man daran glaubte. – Ovid ist ihr Erfinder.

**Metapher.** Verdirbt den Stil.

**Metaphysik.** Man weiß nicht, was das ist, aber man lache darüber.

**Methode.** Ist zu nichts nütze.

**Milch.** Löst Austern auf. – Lockt Schlangen an. – Macht die Haut weiß; es gibt ausgehaltene Frauen, die jeden Morgen ein Milchbad nehmen.

**Minister.** Höchste Stufe menschlichen Ruhms.

**Minute.** »Man ahnt ja nicht, wie lang eine Minute sein kann.«

**Missionare.** Werden alle gegessen oder gekreuzigt.

**Mitleid.** Man hüte sich immer davor.

**Mitternacht.** Da haben Plackerei und schickliche Vergnügungen ein Ende; alles, was man nachher macht, ist unmoralisch.

**Mobiliar.** Man befürchtet dafür das Schlimmste.

**Mörder.** Immer »feige«, auch wenn unerschrocken und verwegen. Minder ruchlos denn ein Brandstifter.

**Monarchie.** Die konstitutionelle Monarchie ist die beste aller Republiken.

**Mond.** Bleich wie der. – Regt zur Melancholie an. – Vielleicht bewohnt?

**Monopol.** Man wettere dagegen.

**Monstren.** Sieht man keine mehr.

**Mosaiken.** Ihr Geheimnis ist verlorengegangen.

**Mühle.** Macht sich gut in einer Landschaft.

**Münze.** Wurde nur in der Antike geprägt.

**Muffe.** Synonym für Vulva.

**Mundgeruch.** Kraftvoller Mundgeruch wirkt distinguiert. – Man vermeide Anspielungen auf überstürzt flüchtende Fliegen, sondern behaupte, es komme aus dem Magen.

**Mundspülglas.** Zeichen von Reichtum in einem Haus.

**Muschel.** Immer unverdaulich.

**Museum.** Versailles: schöner Einfall von König Louis-Philippe. Vergegenwärtigt die zum Ruhm der Nation vollbrachten großen Taten. – Louvre: von jungen Mädchen zu meiden. – Anatomisches Museum: sehr aufschlußreich für junge Männer.

**Musik.** Läßt an viele Dinge denken. – Stimmt versöhnlich; Beispiel: die Marseillaise.

**Musiker.** Charakteristisch für den wahren Musiker ist, daß er keine Musik komponiert, kein einziges Instrument spielt und die Virtuosen verachtet.

**Muskel.** Die Muskeln starker Männer sind immer stählern. – »Die drei Muskeltiere«.

**Muskelkrampf.** Tod durch Ertrinken.

# N.

**Nachbarn.** Man nehme ihre Dienste in Anspruch, ohne es sich etwas kosten zu lassen.

**Nachen.** Jedes Schifflein, darin sich eine Frau befindet. »Komm in meinen Nachen.«

**Nachtisch.** Stimmung; Jubel, Trubel, Heiterkeit. – Man bedaure, daß dabei nicht mehr gesungen wird. – Es ist tugendhaft, ihn zu verschmähen: »Nein, nein, kein Gebäck. Ich nehme nie einen Nachtisch.«

**Nasenflügel.** Aufgeworfene Nasenflügel sind ein Zeichen von Lüsternheit.

**Natter.** Bekannt dank dem Feigenkorb der Kleopatra.

**Natur.** »Wie schön die Natur doch ist!« sage man jedesmal, wenn man sich auf dem Lande befindet. – Am Busen der. – Zurück zur.

**Neapel.** Wenn man mit Gelehrten spricht, sage man Parthenope. – »Neapel sehen und sterben!« (vgl. **Sevilla** und **Yvetot**).

**Neger.** Man wundere sich immer, daß ihr Speichel weiß ist und daß sie Französisch sprechen.

**Negerinnen.** Heißblütiger als Weiße (vgl. **Blondinen** und **Brünette**).

**Nektar.** Man verwechsle ihn mit Ambrosia.

**Neologismus.** Untergang der französischen Sprache.

**Nervenkrankheit.** Nichts als Grimassen.

**Nervös.** »Eine nervöse Störung« wird immer dann gesagt, wenn man für eine Krankheit keine Erklärung weiß. Und die Leute sind befriedigt.

**Neuerung.** Immer »gefährlich«.

**Niederlage.** Wird nicht erlitten, sondern weggesteckt. Einen geordneten Rückzug antreten. – Ist dermaßen vernichtend, daß niemand übrigbleibt, davon zu künden.

**Niesen.** Nachdem man »Gesundheit« gesagt hat, Diskussion über den Ursprung dieses Brauchs anfangen. – Es ist eine geistreiche Blödelei zu sagen: »Russisch und Polnisch werden nicht gesprochen, sondern geniest.« – Jedesmal wenn man niest, muß man ausrufen: »Ach! Habe ich mich etwa erkältet?«

**Notare.** Zur Zeit ist ihnen nicht zu trauen.

**Numismatik.** Hat etwas mit Infinitesimalrechnung zu tun. – Hat mit den hohen Wissenschaften zu tun, flößt einen unendlichen Respekt ein.

# O.

**Oase.** Herberge in der Wüste.

**Obszönität.** Alle wissenschaftlichen Begriffe, die aus dem Lateinischen oder Griechischen abgeleitet sind, bergen eine Obszönität.

**Odaliske.** vgl. **Bajaderen.**

**Offenbach.** Sobald man seinen Namen hört, muß man zwei Finger der rechten Hand kreuzen, um sich gegen den bösen Blick zu schützen. – Sehr pariserisch, sehr im Schwang.

**Offensichtlich.** Blendet das Auge, indem es hineinspringt.

**Ohrenschmalz.** Gott erhalt's! – Man hüte sich, es zu entfernen, denn es verhindert, daß Insekten ins Ohr kriechen.

**Olivenöl.** Immer schlecht. – Man muß einen Freund in Marseille haben, der einem ein Fäßchen davon besorgt.

**Omega.** Zweiter Buchstabe des griechischen Alphabets, denn man sagt ja immer »Alpha und Omega«.

**Omnibusse.** Sind einfach immer überfüllt. Eine Erfindung von Ludwig XIV.

**Oper (Kulissen der).** Mohammeds Paradies auf Erden.

**Optimist.** Soviel wie ein Dummkopf.

**Orchester.** Sinnbild der Gesellschaft; jeder spielt seinen Part, und es gibt einen Chef.

**Orchitis.** Herrenleiden.

**Orden.** Kreuz der Ehrenlegion: Man mache sich lustig darüber, aber strebe es an; und wenn man's dann hat, immer sagen, man habe sich nicht drum gerissen.

**Ordensbruder.** Ritter vom Hl. Onan.

**Ordnung.** Wie viele Verbrechen begeht man in deinem Namen!

**Orgel.** Erhebt die Seele zu Gott.

**Orientalist.** Mann, der viel gereist ist.

**Original.** Bezeichnung für einen, der sich Banalitäten und übernommenen Rollen nicht beugen will. – Über ihn zu lachen beweist große geistige Überlegenheit.

**Originell.** Alles, was originell ist, verlachen, hassen, verhöhnen und ausrotten, wenn man kann.

**Orthographie.** Daran glauben wie an Mathematik. – Wer über Stil verfügt, braucht sie nicht.

**Otter.** Kleiner Fleischfresser, aus dessen Fell man Mützen und Westen macht.

**Ozean.** Sinnbild der Unendlichkeit.

P.

**Päderastie.** Krankheit, die in einem bestimmten Alter von allen Männern durchgemacht wird.

**Paganini.** Berühmt für seine langen Finger. – Saiten aus den Därmen seiner ehemaligen Geliebten. – Hat seine Geige nie gestimmt.

**Palladium.** Antike Festung.

**Palme.** Verleiht Lokalkolorit.

**Palmyra.** Eine ägyptische Königin? Ruinen? Man weiß es nicht.

**Pantheist.** Man wettere dagegen. Absurd.

**Panzerschränke.** Die komplizierten sind ganz leicht zu knacken.

**Paris.** Die große Hure. – Die Kapitale. – Für Frauen das Paradies, für Pferde die Hölle. – Politische Ideen darüber. – Möglichkeiten, sich Paris zu widersetzen. – Was die Provinz darüber denkt (und umgekehrt).

**Pate.** Ist immer der wirkliche Vater des Patenkinds.

**Pedantismus.** Muß verspottet werden, es sei denn, er betreffe unwichtige Dinge.

**Pelikan.** Zerfleischt sich die Brust, um seine Kleinen zu nähren. – Sinnbild des Familienvaters.

**Pelz.** Zeichen von Reichtum.

**Peru.** Phantastisches Land, wo alles aus Gold und Silber ist.

**Pfeife.** Nicht »comme il faut«, es sei denn in Meerbädern.

**Pferd.** Edles Tier. – Wenn es um seine Kraft wüßte, ließe es sich nicht lenken. – Pferdefleisch: schönes Thema für eine Broschüre, deren Autor als seriöse Persönlichkeit angesehen werden möchte. – Rennpferd: Man verachte es: »Was soll das?« – »Herr Graf, die Pferde sind gesattelt« (in allen Dramen). – »Ein Pferd, ein Pferd, ein Königreich für ein Pferd« (Königsdramen).

**Pflanze.** Heilt immer den menschlichen Körperteil, dem sie ähnelt.

**Phantasie.** Immer »lebhaft«. – Man hüte sich davor. – Wenn man keine hat, setze man sie bei anderen herab. – Um Romane zu schreiben, braucht man nichts weiter als etwas Phantasie.

**Philippe d'Orléans-Égalité.** Man wettere gegen ihn. – Noch eine der Ursachen der Revolution. – Hat alle Verbrechen dieser unseligen Epoche begangen.

**Philosophie.** Kichern.

**Phönix.** Schöner Name für eine Feuerversicherungsgesellschaft.

**Photographie.** Wird die Malerei verdrängen.

**Pickel.** Im Gesicht oder anderswo: Zeichen der Gesundheit und der Kraft des Blutes. – Ja nicht wegmachen (vgl. **Furunkel**).

**Pilze.** Nur solche essen, die vom Markt kommen.

**Pockennarbig.** Pockennarbige Frauen sind immer lasziv.

**Poesie.** Ist ganz und gar unnütz; nicht mehr in Mode.

**Poet.** Synonym für Träumer und Einfaltspinsel.

**Polizei.** Hat immer unrecht.

**Popilius.** Erfinder einer Art von Kreis.

**Porträt.** Das Schwierige ist, das Lächeln wiederzugeben.

**Postkutsche.** Man trauere den Zeiten der Postkutsche nach.

**Pragmatische Sanktion.** Man weiß nicht, was das ist.

**Praxis.** Der Theorie überlegen.

**Priapismus.** Antiker Kult.

**Priester.** Man müßte sie kastrieren. Schlafen mit ihren Haushälterinnen und haben Kinder, die sie »Neffen« nennen. – »Mag sein, aber es gibt auch ein paar anständige!«

**Prinzipien.** Immer »unantastbar«. – Man kann weder ihr Wesen noch ihre Zahl nennen, spielt keine Rolle, sind heilig.

**Propeller.** Zukunft der Mechanik.

**Prosa.** Leichter zu schreiben als Verse.

**Punsch.** Paßt zu einem Junggesellenabend. – Bringt die Leute außer Rand und Band. – Das Licht löschen, wenn man ihn flambiert. – Und das ergibt phantastische Flammen! – Romantisch (veraltet).

**Purpurn.** Vornehmer als rot. – Die Geschichte von dem Hund erzählen, der das Purpur entdeckte, als er eine Schnecke zerbiß.

**Pyramide.** Nutzloses Bauwerk.

# Q.

**Quadratur des Kreises.** Man weiß nicht, was das ist, aber man zucke mit den Achseln, wenn davon die Rede ist.

**Quecksilber.** Tötet die Krankheit und den Kranken.

# R.

**Racine.** Hat's faustdick hinter den Ohren!

**Radikalismus.** Um so gefährlicher, als er latent ist. – Die Republik bringt uns zum Radikalismus.

**Räuber.** Sind immer »wild«.

**Rechnung.** Immer »zu hoch«.

**Recht.** *Ius.* Man weiß nicht, was das ist.

**Regenmantel.** Sehr vorteilhaftes Kleidungsstück. – Sehr schädlich, da er die Transpiration verhindert.

**Reichtum.** Ist Prestige. – Ersetzt alles, sogar das Ansehen.

**Reimlexikon.** Eines benützen? Eine Schande!

**Reise.** Muß man schnell hinter sich bringen.

**Reisender.** Immer »furchtlos«.

**Reiten.** Gute Betätigung, um abzunehmen. Beispiel: »Alle Kavalleriesoldaten sind mager.« – Gute Betätigung, um zuzunehmen. Beispiel: »Alle Kavallerieoffiziere haben einen dicken Bauch.« – »Er ist mit dem Pferd verwachsen wie ein Zentaur.«

**Reiz.** Immer ein »ganz eigener«. Beispiel: »Die Sonne verlieh der Landschaft einen ganz eigenen Reiz.« – »Nicht ohne einen gewissen Reiz.«

**Reklame.** Klappern gehört zum Handwerk. – Man muß trommeln, wenn man es zu etwas bringen will.

**Religion.** Schon wieder eine Grundlage der Gesellschaft. – Ist notwendig für das Volk, doch nicht zuviel davon. – »Die Religion unserer Väter« sage man salbungsvoll. – Opium.

**Republikaner.** Nicht alle Republikaner sind Diebe, aber alle Diebe Republikaner.

**Restaurant.** Dort sollte man nie das bestellen, was man ohnehin immer zu Hause ißt. – Bei Ratlosigkeit reicht es, die gleichen Gerichte zu wählen, die dem Nachbarn aufgetischt werden.

**Richteramt.** Schöne Laufbahn zum Zweck einer reichen Heirat. – Alle Richter sind Päderasten.

**Ring.** Sehr distinguiert, wenn am Zeigefinger getragen. Am Daumen zu orientalisch. – Ringe verformen die Finger.

**Rohr.** Ein Stock *muß* einfach ein Rohrstock sein.

**Romane.** Verderben die Massen. – In Fortsetzungen sind sie weniger unmoralisch als in Buchform. – Einzig historische Romane darf man tolerieren, da sie die Geschichte vermitteln, z. B. *Die drei Musketiere.* – Es gibt Romane, die mit der Spitze eines Skalpells geschrieben sind, z. B. *Madame Bovary,* und andere, die auf der Spitze einer Nadel rotieren.

**Roßkastanie.** Cousine des Pferdeapfels.

**Rothaarige.** vgl. **Blondinen, Brünette, Weiße** und **Negerinnen**.

**Rousseau.** Meinen, J.-J. Rousseau und J.-B. Rousseau seien Brüder gewesen, wie es die beiden Corneille waren.

**Rücken.** Ein Klaps auf den Rücken kann schwindsüchtig machen. – Ein schöner Rücken kann auch entzücken.

**Rührung.** Untrennbar von einem ersten Debut *(sic).*

**Ruhm.** Nur Schall und Rauch.

**Ruinen.** Machen einen träumen und verleihen einer Landschaft Poesie.

# S.

**Säbel.** Die Franzosen wollen mit einem Säbel regiert werden.

**Sänger.** Alle Sänger schlürfen jeden Morgen ein rohes Ei, damit ihre Stimme geschmeidig bleibt. – Der Tenor ist immer »strahlend«, der Bariton »warm« und der Baß »volltönend«.

**Sainte-Beuve.** Aß der Legende nach am Karfreitag ausschließlich Wurstwaren.

**Saite.** Man weiß gar nicht, wie stark so eine Saite ist. – Stärker als Eisen.

**Sakrileg.** Es ist ein Sakrileg, einen schönen Baum zu fällen.

**Salzstreuer.** Wer Salz verstreut, verstreut sein Glück.

**Samt.** An Kleidern: Vornehmheit und Reichtum.

**Sankt Helena.** Insel, bekannt für ihre Felsen.

**Sapphisch und adonisch (Versmaß).** Macht sich gut in einer Rezension.

**Satrap.** Reicher Wüstling.

**Saturnalien.** Feste während des Direktoriums.

**Schabernack.** Tunlichst zu treiben, wenn man eine Landpartie mit Damen veranstaltet.

**Schach.** Sinnbild militärischer Taktik. – Alle großen Heerführer waren Meister des Schach. – »Zu ernst für ein Spiel, zu gehaltlos für eine Wissenschaft.«

**Schadenersatz.** Immer fordern.

**Schäfer.** Sind alles Hexenmeister. – Spezialisiert auf Gespräche mit der Jungfrau Maria.

**Schärpe.** Poetisch.

**Schafott.** Wenn man es besteigt, stelle man sich darauf ein, vor dem Sterben ein paar beredte Worte zu sprechen.

**Schakal.** Haarlose Hyäne.

**Schaum.** Meerschaum findet sich im Boden; man macht daraus Pfeifen.

**Schauspielerinnen.** Das Verhängnis für Söhne von Familie. – Sind von fabelhafter Lüsternheit. – Tagsüber schlafen sie, nachts veranstalten sie Orgien, sie verschlingen Millionen und enden im Siechenhaus. »Verzeihung, es gibt auch welche, die gute Hausfrauen und Mütter sind.«

**Scheidung.** Hätte Napoleon sich nicht von Joséphine scheiden lassen, säße er heute noch auf dem Thron.

**Schergen.** So schimpfen grimmige Republikaner die Polizisten.

**Scheußlichkeiten.** Immer daran arbeiten, nie davon reden.

**Schiffe.** Gute baut man nur in Bayonne.

**Schinken.** Immer aus Mainz, selbst wenn er aus England stammt. – Vorsicht, Trichinen!

**Schlacht.** Immer »blutig«. – Es gibt immer zwei Sieger: den Schlagenden und den Geschlagenen.

**Schlachter.** Schrecklich in Zeiten der Revolution. – Die Schlachter sind alle dick. – Alle brutal: Die zerquetschen Kinder auf der Straße.

**Schlafen (zuviel).** Macht dickes Blut.

**Schlafgemach.** In einem alten Schloß: Heinrich IV. hat dort immer eine Nacht verbracht.

**Schlafsäle.** Immer »geräumig und gut durchlüftet«. – Einzelzimmern vorzuziehen, wegen der Moral der Schüler.

**Schlafwandler.** Spaziert nachts immer auf Dachgiebeln herum.

**Schlangen.** Alle giftig.

**Schloßturm.** Weckt düstere Gedanken.

**Schluckauf.** Mittel dagegen sind Eis in den Kragen oder ein Schreck.

**Schlummer.** Macht das Blut dickflüssig.

**Schmach.** Einem immer auch noch die letzte antun.

**Schmähschriften.** Man schreibt keine mehr.

**Schmerz.** Hat immer auch sein Gutes. – »Was dich nicht umbringt, macht dich stärker.« – Die wahren Schmerzen zeigt man nicht.

**Schmierer.** Alle Journalisten sind Schmierer. – Wenn man hinzufügt »Groschen-«, dann ist das der Gipfel der Geringschätzung.

**Schminke.** Ruiniert die Haut.

**Schnörkel.** Je komplizierter, desto schöner.

**Schnupftabak.** Paßt zum Stubengelehrten. Verleiht einem etwas Doktorhaftes.

**Schnurrbart.** Wirkt martialisch.

**Schön.** Anzuwenden auf alles Hübsche. – »Ganz schön schön!« ist der Gipfel der Bewunderung.

**Scholle.** Die heimatliche. – Man vergieße Tränen darüber.

**Schornsteinfeger.** Die Schwalbe des Winters.

**Schreiben.** Alles, was man dazu braucht. – *Currente calamo* schreiben ist die Ausrede für stilistische und orthographische Mängel.

**Schrift.** Eine schöne Schrift erschließt alle Möglichkeiten. – Unleserliche Schrift: Zeichen der Gelehrtheit; Beispiel: die Rezepte der Ärzte.

**Schule.** École polytechnique: Höchstes Ziel, zu dem ein Bürger seinen Sohn hindrängt. – »Traum aller Mütter« (veraltet). – Einfach von der »École« sprechen macht glauben, man habe sie absolviert. – Schrecken des Bürgers bei Krawallen, wenn er erfährt, daß die École polytechnique mit den Arbeitern sympathisiert (veraltet). – École de Saint-Cyr: vor allem junge Adlige. – Medizinische Fakultät: alle exaltiert. – Juristische Fakultät: junge Leute aus guter Familie.

**Schulbildung.** Glauben machen, man habe viel davon mitbekommen. – Das Volk braucht so etwas nicht, um sein Brot zu verdienen.

**Schuster.** Nur gut, wenn er leistet.

**Schwalbe.** Sie niemals anders nennen als »Frühlingsbotin«. – Aber feststellen, daß zum Sommer mehr gehört. – Da man nicht weiß, woher sie kommen, sagen: »Sie flogen herbei von fernen Gestaden.« – Poetisch.

**Schwan.** »Weiß wie ein Schwan«; wohlgemerkt, es gibt auch schwarze. – Singt, bevor er stirbt. – Kann mit seinem Flügel den Oberschenkel eines Mannes brechen. – Der Schwan von Cambrai war nicht ein Vogel, sondern ein Mann (Bischof) namens Fénelon. – Der Schwan von Mantua ist Vergil. – Der Schwan von Pesaro ist Rossini. – Der Schwan vom Avon ist Shakespeare. – Der Schwan von Weimar ist Goethe.

**Schwarz.** Immer »wie Ebenholz«. – »Wie Pech«, ersatzweise auch »wie Raben«.

**Schwein.** Da es innen »genau gleich wie ein Mensch ist«, sollte man es im Seziersaal zum Studium der Anatomie benutzen.

**Schweißfüße.** Ein Zeichen von Gesundheit.

**Schwert.** Seine Lenden mit einem gürten. – Man kennt nur das von Damokles.

**See.** Man habe eine Frau bei sich, wenn man sich darauf ergeht.

**Seefahrer.** Immer »kühn«.

**Seekrankheit.** Um ihr nicht anheimzufallen, genügt es, an etwas anderes zu denken.

**Sendschreiben.** Vornehmer denn »Brief«.

**Seneca.** War er Pariser? – Schrieb an einem goldenen Pult.

**Senf.** Ruiniert den Magen. – Guten Senf gibt es nur in Dijon.

**Seufzer.** Man stoße ihn in Gegenwart einer Frau aus.

**Sevilla.** Berühmt wegen seines Barbiers. – Sevilla sehen und sterben! (vgl. **Neapel** und **Yvetot**).

**Sezieren.** Eine Beleidigung für die Majestät des Todes.

**Sommer.** Immer »außergewöhnlich«, sei er nun heiß oder kalt, trocken oder feucht.

**Souper.** Die Soupers während der Régence: Blumen, Lichter, halbnackte Frauen etc. – Geistvolle Sprüche und Champagner in Strömen.

**Sparbüchse.** Gelegenheit zum Diebstahl für das Gesinde.

**Sparsamkeit.** Folgt immer auf »Ordnung«, führt zu Reichtum. – Die Anekdote wiedergeben, in der Laffitte im Hof des Bankiers Perregaux eine Stecknadel aufhebt.

**Spaziergang.** Man mache nach dem Essen immer einen, das fördert die Verdauung.

**Spiel.** Unschuldige Spiele; man zähle solche auf. – Gesellschaftsspiele. – Spiele und Lachen. – Brot und Spiele. – Man empöre sich wider diese »fatale Leidenschaft«. – Ernste Spiele, als da sind: Whist, Schach etc. – Vulgäre: Piquet, Ecarté, Bézigue, Skat. – Fürs Kaffeehaus: Domino, Puff. – Blöde: Dame, Siebzehn und vier. – Noble: Billard.

**Spielzeug.** Sollte immer pädagogisch wertvoll sein.

**Spinat.** Reinigt den Magen. Nie den berühmten Satz

von Prudhomme auslassen: »Ich mag keinen Spinat und bin froh darüber; wenn ich ihn nämlich möchte, äße ich ihn, und davon würde mir schlecht.« (Es gibt Leute, die dies vollkommen logisch finden und nicht lachen werden.)

**Spion.** Ist immer weltläufig (vgl. **Hochstapler**).

**Spiritualismus.** Das einzige philosophische System.

**Spitzel.** Alle von der Polizei.

**Sporen.** Machen sich gut an einem Paar Stiefel.

**Stätte.** Schöner Ort, um Verse zu schmieden.

**Standhaft.** Immer gefolgt von »wie ein Fels«. – Standhaft sein in seinen Grundsätzen.

**Stark.** »Wie ein Bulle.« – »Wie ein Pferd«. – »Wie ein Herkules.« – Dieser Mann muß stark sein; er hat kein Gramm Fett zuviel.

**Stechmücke.** Gefährlicher als jedes wilde Tier.

**Steingut.** Heute viel modischer als Porzellan.

**Stempel.** Seiner Zeit den Stempel aufdrücken. Diese Metapher sollte ausschließlich Postbeamten vorbehalten bleiben, denen das Abstempeln der Briefe obliegt.

**Stern.** Jeder folgt dem seinen wie der Kaiser.

**Steuerhinterziehung.** Ist kein Betrug, sondern Beweis von Esprit und politischer Unabhängigkeit.

**Stiefel.** Bei großer Hitze versäume man nie, über die Stiefel der Gendarmen und das Schuhwerk der Postboten zu witzeln (aber nur auf dem Land und im Freien). – Gestiefelt und gespornt. – Gestiefelt und verkatert.

**Stier.** Vater des Kalbs; der Ochse ist nur der Onkel.

**Stirn.** Hoch und kahl: Zeichen von Genie oder Aplomb. – Denkerstirn.

**Stoizismus.** »Läßt sich doch nicht praktizieren.«

**Strauß.** Kann Steine verdauen.

**Strumpfband.** Strumpfbänder sind immer *über* dem Knie zu tragen, wenn man eine Frau von Welt ist; *darunter* von Frauen aus dem Volk. – Dieses Detail ihrer Toilette darf eine Frau nie vernachlässigen; es gibt so viele Frechlinge auf der Welt.

**Stuart (Maria).** Man beklage ihr Schicksal.

**Studenten.** Tragen sämtlich rote Kappen, Pluderhosen, rauchen auf der Straße Pfeife und studieren nicht.

**Stuhlgang.** Immer »heftig« und »unregelmäßig«. – Stilles Örtchen. – Sich frisch machen.

**Südfrankreich (die Küche in).** Immer mit Knoblauch. Man wettere dagegen.

**Südländer.** Alles Poeten.

**Suizid.** Beweis von Feigheit.

**Suppenfleisch.** Ist gesund. – Kommt nach der Suppe: die Suppe und das Suppenfleisch. – Ein gutes Suppenfleisch ist etwas Gutes.

**Sybariten.** Man wettere dagegen.

**Syphilis.** Davon ist mehr oder weniger jedermann befallen.

# T.

**Tabak.** Der staatliche ist lange nicht so gut wie der geschmuggelte. – Schnupfen steht einem Stubengelehrten wohl an. – Ursache von Hirn- und Rückenmarksleiden.

**Tage.** Monsieur hat die seinen: Friseurtag, Arzttag etc. – Madame hat die ihren, die sie »kritisch« nennt, zu gewissen Zeiten des Monats.

**Talar.** Flößt Respekt ein.

**Talleyrand (Herzog von).** Man entrüste sich über ihn.

**Tanz.** Man tanzt heute nicht mehr; man marschiert, windet sich etc.

**Taschenuhr.** Ist nur gut, wenn sie aus Genf kommt. – Wenn in den Zauberstücken eine Person die ihre hervorzieht, muß es eine Zwiebel sein; dieser Scherz ist unvermeidlich.

**Taube.** Sollte man nur mit Erbsen essen.

**Temperament.** Solches haben.

**Theaterpause.** Immer zu lang.

**Tier.** Ah, wenn die Tiere sprechen könnten! – Manche sind intelligenter als ein Mensch.

**Tierbändiger.** Haben obszöne Praktiken.

**Tintenfaß.** Bestens geeignet als Geschenk für Ärzte.

**Tölpel.** Besser ein Schuft als ein Tölpel.

**Tornister.** Futteral für Marschallsstäbe.

**Trägheit.** Auswirkung heißer Länder.

**Treu.** Nicht zu trennen von »Freund«, »Hund«, »und Glauben«. – Unbedingt zitieren: »Und schweigend umarmt ihn…« bis »…in eurem Bunde der dritte.«

**Trikot.** Sehr aufreizend.

**Tropfsteinhöhlen.** In jeder hat es einmal ein berühmtes Fest gegeben, einen Ball oder ein Souper, zu dem eine bedeutende Persönlichkeit geladen hatte. – Die Formen sehen aus »wie Orgelpfeifen, wie ein Altar«. – »Während der Revolution hat man darin die Messe gelesen.«

**Troubadour.** Macht sich gut als Nippfigur.

**Trüffel.** Man enthalte sich des Genusses derselben, wenn Madame unpäßlich ist.

**Tünche.** Man wettere gegen die Verwendung von Tünche in Kirchen. – Dieser Künstler-Zorn macht sich gut.

U.

**Überschwemmungen.** Immer an der Loire.

**Übung.** Mit ein wenig Übung kann jeder Geige spielen wie Paganini. – Macht den Meister.

**Ukas.** Man bezeichne autoritäre Erlasse immer als Ukasse, das ärgert die Regierung.

**Umschläge.** Müssen immer gemacht werden, bis der Arzt kommt.

**Unfähigkeit.** Ist immer »notorisch«. – Je unfähiger man ist, desto mehr Ehrgeiz muß man entwikkeln.

**Unfall.** Immer »bedauerlich« oder »tragisch«; als müßte man einen Unfall je erfreulich finden.

**Ungeschliffen.** Immer »grob« voranstellen: »grob und ungeschliffen«.

**Unheimlich.** Ausschließlich romantisches Wort. – »Unheimlicher Mann« sagt man über einen, der den bösen Blick hat. »Offenbach ist ein unheimlicher Mann.«

**Universität.** *Alma mater.*

**Unleserlich.** Eine ärztliche Verschreibung ist nur wirksam, wenn unleserlich. – Jede amtliche Unterschrift muß unleserlich sein; desgleichen bei Privatpersonen. Es zeigt, daß man in Korrespondenz ertrinkt.

**Unmoral.** Dieses Wort, mit Nachdruck gesprochen, erhebt den, der es verwendet.

**Unschuld.** Die Unerschütterlichkeit ist ihr Beweis.

**Unterwäsche.** Man zeigt nie zuviel davon. – Macht Leute.

**Urzeugung.** Sozialistenidee.

**Usum (ad).** Lateinische Redewendung, die sich gut

macht in einem Satz. *Ad usum Delphini* verwende man immer, wenn von einer Frau namens Delphine die Rede ist.

# V.

**Verbrecher.** Immer ein »übler«.

**Vereinigung der königlichen Linien.** Man hoffe immer darauf!

**Verfluchung.** Erfolgt immer durch einen Vater.

**Vergleichspaare.** Man darf nur aus folgenden wählen: Caesar und Pompejus – Voltaire und Rousseau – Napoleon und Karl der Große – Bayard und MacMahon – Goethe und Schiller – Horaz und Vergil.

**Verkauf.** Verkaufen und Kaufen: Ziel des Lebens.

**Vermögen.** Wenn man Ihnen von einem großen Vermögen erzählt, unbedingt sagen: Ja, aber ist es auch sicher? – »Die Reichen sind glücklich, denn die vermögen's.«

**Verpflichtungen.** Andere haben sie uns gegenüber. Wir andern gegenüber keine.

**Verschwendung.** Ruiniert den Staat.

**Verschwörer.** Verschwörer haben immer die Manie, sich in Listen einzutragen.

**Versetzen.** Das einzige Verb, das Militärs konjugieren.

**Versöhnung.** Ihr immer das Wort reden – selbst wenn die Gegensätze unvereinbar sind.

**Verstopfung.** Ihr Einfluß auf die politischen Überzeugungen. – Alle Literaten sind verstopft.

**Verwandte.** Immer lästig. – Die nicht reich sind, zeige man nicht vor.

**Verwittert.** Alles, was antik ist, ist verwittert, und alles, was verwittert ist, ist antik. – Sich daran erinnern, wenn man Kuriositäten kauft.

**Vetter.** Ehemännern raten, dem »lieben kleinen Vetter« zu mißtrauen.

**Vogel.** Man wünsche sich, einer zu sein, und seufze:

»Wenn ich ein Vöglein wär' und auch zwei Flüglein hätt'.« – Kennzeichen einer poetischen Seele. – Einen haben.

**Volkswirtschaft.** Wissenschaft ohne Bauch.

**Vollzugsorgan.** Unanständiger Ausdruck.

**Voltaire.** Berühmt für sein »fürchterliches starres Grinsen«. – Sein Wissen war nur oberflächlich.

**Vorsehung.** Was wären wir ohne sie?

**Vorstädte.** Schrecklich bei Revolutionen.

W.

**Wälder.** Die großen Wälder regen zum Träumen an. – Geeignet, um Verse zu schmieden (vgl. **Stätte**). – Im Herbst, beim Spazierengehen, muß man sagen: »Der Nebel steigt, es fällt das Laub...«

**Wagen.** Bequemer, einen zu mieten, als einen zu besitzen: Auf diese Weise erspart man sich den Ärger mit dem Gesinde und mit den Pferden, die immer krank sind.

**Wagner.** Man grinse, wenn man seinen Namen hört, und scherze über die Zukunft der Musik.

**Wahlrecht, allgemeines.** Krönung der politischen Wissenschaften.

**Wahnsinn.** In der Lyrik jene Formulierungen, die ihn ausdrücken.

**Walzer.** Man empöre sich darüber. Lasziver und anstößiger Tanz, den nur alte Frauen tanzen dürften.

**Wams.** Immer aprikosenfarben.

**Waschung.** Wird nur im Zusammenhang mit der Zeremonie der »Fußwaschung« verwendet.

**Wasser.** Das Pariser Wasser verursacht Koliken. – Je salziger das Wasser, desto besser trägt es. – Kölnisch Wasser riecht gut. Pariser Wasser stinkt.

**Weibchen.** Nur im Zusammenhang mit Tieren verwenden. – Anders als beim Menschen sind Tierweibchen weniger schön als die Männchen. Beispiele anführen: Fasan, Hahn, Löwe etc.

**Weichselzopf.** Wenn man die Haare schneidet, bluten sie.

**Weihnacht.** Ohne Gans keine Weihnacht.

**Weiland.** »Mein weiland Vater« und den Hut abnehmen.

**Weiler.** Ergreifendes Substantiv. – Macht sich gut in der Dichtkunst.

**Weine.** Gesprächsthema für Männer. – »Der beste ist der Bordeaux, da ihn die Ärzte verordnen.« – »Je schlechter, desto natürlicher.«

**Welt.** Man sage »die vier Weltecken«, da sie ja rund ist.

**Weltausstellung.** Bringt die Menschen des 19. Jahrhunderts aus dem Häuschen.

**Werbung.** Quelle des Reichtums.

**Wesir.** Zittert beim Anblick einer Seidenschnur.

**Wetter.** Ewiges Gesprächsthema. – Ursache aller Krankheiten. – Man wettere dagegen.

**Wichse.** Nur gut, wenn man's selber macht.

**Wiesel.** Wetzen wie ein Wiesel (überflüssig zu erwähnen, daß kein Wiesel je an einem Schleifstein gesehen wurde).

**Wildbret.** Nur gut mit Hautgout.

**Wilddiebe.** Lauter entlassene Zuchthäusler. – Man bezichtige sie aller Verbrechen, die auf dem Land begangen werden. – Müssen einen mit rasendem Zorn erfüllen. »Kein Erbarmen, Monsieur, kein Erbarmen.« – Trotzdem wendet man sich an sie, wenn man einen Jagdhund braucht.

**Winter.** Immer »außergewöhnlich« (vgl. **Sommer**). – Ist gesünder als die anderen Jahreszeiten.

**Wissenschaft.** »Ein wenig Wissenschaft entfernt uns von der Religion. Viel Wissenschaft bringt uns zu ihr zurück.«

**Wörterbuch.** Darüber lachen: Nur etwas für Nichtswisser.

**Wüste.** Sinnbild der Unendlichkeit. – Da kann man nicht leben. – Aber: »Die Wüste lebt.« – Bringt Datteln hervor. – Ihr Schiff ist das Kamel.

**Wurfspieß.** Wiegt ein Gewehr auf, wenn man damit umgehen kann.

**Wurster.** Verwandtschaft mit dem Barbier. – Alle Wurstverkäuferinnen sind hübsch. Man frage sie, ob sie ihre Pasteten nicht mit Menschenfleisch machen.

**Wut.** Gut für den Blutdruck; gesund, bisweilen in solche zu geraten.

# Y.

**Yvetot.** Yvetot sehen und sterben! (vgl. **Neapel** und **Sevilla**).

# Z.

**Zähne.** Apfelwein, Tabak, Süßigkeiten, Eis, Schlafen mit offenem Mund und Trinken gleich nach der Suppe sind schlecht für die Zähne. – Augenzahn: Gefährlich, ihn zu ziehen, weil er mit dem Auge verwachsen ist. – Weisheitszahn. – Zähneziehen »ist kein Zuckerschlecken«.

**Zar.** Auch »dieser Autokrat«.

**Zeder.** Die vom Jardin des Plantes ist in einem Hut herübergebracht worden.

**Zehn (Rat der).** Man weiß nicht, was das war, aber es war furchtbar. – Sie berieten sich maskiert. – Man zittere noch beim Gedanken daran.

**Zeichenkunst.** Setzt sich aus drei Dingen zusammen: der Linie, dem Korn und der Schattierung; dazu kommt noch der Konturstrich. Doch den beherrscht nur der Meister allein.

**Zeitungen.** Haben Einfluß auf die moderne Gesellschaft, z. B. *Figaro*. – Man wettere stets gegen sie, glaube jedoch alles, was sie schreiben. – Seriöse Zeitungen: *La Revue des Deux-Mondes, L'Économiste, Le Journal des Débats.* Man lasse sie auf seinem Wohnzimmertisch liegen, achte aber darauf, daß man sie auch aufgeschnitten hat. Einige Passagen rot anzustreichen macht ebenfalls einen sehr guten Eindruck.

**Zelter.** Weißes Tier des Mittelalters; die Rasse ist ausgestorben.

**Zensur.** Nützlich! Da kann man sagen, was man will.

**Zeuge.** Man muß sich weigern, als solcher vor Gericht zu treten; man weiß nie, wohin das führt.

**Zeugnis.** Bestätigung für die Familien und Beruhigung für die Eltern. – Ein Zeugnis ist immer »günstig«.

**Zigarren.** Die unter Staatsmonopol »stinken alle wie die Pest«; gut sind nur die geschmuggelten.

**Zigeuner.** Kommen alle aus Ungarn.

**Zimbeln.** Immer »klirrend«. Immer ergänzen: »...und Teutonen«.

**Zoll.** Man muß sich dagegen wehren und schmuggeln.

**Zuchthäusler.** Haben immer eine Galgenvisage. Ihre Verbrechen stehen ihnen ins Gesicht geschrieben. – Haben alle eine geschickte Hand. Sie verfertigen Bildwerke aus Kokosnuß, flechten Strohkörbchen etc. – Im Zuchthaus gibt es wahre Genies.

**Zuckern.** Seinen Kaffee versüßen.

**Züchtigkeit.** Schönste Zierde des Weibes.

**Zweifel.** Schlimmer als die Verneinung.

**Zypresse.** Der Trauerbaum. Wächst nur auf Friedhöfen.

# ANHANG

## *Nachwort von Julian Barnes*

Na, hat Ihnen gefallen, was sie gerade gelesen haben? Haben Sie es verstanden? Hat es Ihnen vielleicht gefallen, ohne daß Sie es verstanden haben, oder haben Sie es verstanden, ohne daß es Ihnen gefallen hat? Beides wären ehrenwerte Reaktionen, denn das *Wörterbuch* ist ein eigenartiges und schwer faßbares... Werk. Beinahe hätte ich »Buch« gesagt, doch nach normalen Kriterien kann es sich kaum als Buch ausweisen. Zunächst einmal ist es nur Teil eines Buches; oder, um genauer zu sein, Teil eines Teils eines Buches, denn letztendlich sollte es einen Abschnitt der ›Copie‹, des zweiten Bandes von *Bouvard et Pécuchet* bilden. Es sollte eine gewaltige Materialsammlung sonderbarer und beispielhafter Dummheiten werden, welche die beiden Schreiber sich herauskopieren, nachdem sie den Versuch, die Welt zu verstehen, aufgegeben haben. Und diese Materialien wollte Flaubert mit einem Pokerface hinblättern.

Fernerhin liegt uns dieses Fragment auch nicht in einer fertigen Gestalt vor. Es existieren zwei Manuskripte; nichts weist auf eine endgültige Fassung hin; und eine beträchtliche Anzahl der Definitionen existiert nicht einmal in Flauberts eigener Handschrift, sondern in der seines Freundes Edmond Laporte. (Der Status dieser Definitionen ist unklar: Hat Flaubert sie Laporte diktiert, hat Laporte sie geschrieben und dann Flaubert zur Absegnung oder Verbesserung unterbreitet, oder dokumentieren sie irgendeine Form von Zusammenarbeit?) Und schließlich werden einige der Flaubertschen Definitionen, die er im Manuskript eigenhändig gestrichen hat, in modernen Ausgaben des *Wörterbuchs* weiterhin gedruckt: so groß ist die Gier, die Liebe und die ungehorsame Neugier der Flaubertisten.

Warum also sollten wir uns für dieses vagabundierende Fragment mit wechselndem Manuskriptstatus interessieren? Erstens, weil das *Wörterbuch* nicht nur ein intellektuelles *jeu d'esprit*, sondern ein zentrales und sein ganzes Schriftstellerleben hin anhaltendes Anliegen des Autors war. Zweitens, weil kaum je ein Werk geschrieben worden ist, dessen Ironie so rein war: Die Welt kommt in Flauberts Olivenpresse und wird ausgequetscht, bis das reine Öl der Ironie herausrinnt. Drittens, weil es bei aller Kürze und Eingeschränktheit als ein Werk angesehen werden kann, in dem die Flaubertsche Methode in ihrer sarkastischen Fülle verwirklicht ist.

Maxime du Camp sagt, Flaubert habe ab seinem zwanzigsten Lebensjahr vom *Wörterbuch*-Projekt gesprochen; als es zum ersten Mal in der Korrespondenz auftaucht – 1850 in einem Brief aus Damaskus an Louis Bouilhet –, da ist die Idee zweifellos schon ausgereift: »Du tust gut daran, an das *Dictionnaire des idées reçues* zu denken. Dieses Buch, wenn man es *vollständig* macht und mit einem guten Vorwort versieht, in dem man angibt, das Werk sei in der Absicht geschaffen worden, die Leserschaft zurückzuführen zu Tradition, Ordnung und allgemeinen Konventionen; und wenn man das so einrichtet, daß der Leser nicht weiß, ob er verarscht wird oder nicht – das wäre vielleicht ein seltsames Werk und könnte auch noch Erfolg haben, denn es wäre ja absolut aktuell.«

Der Ton und der erste Satz lassen vermuten, daß das Werk eventuell als Gemeinschaftsprojekt mit Bouilhet geplant war – zwei subversive Ironiker gegen die Welt; wenn dies zutrifft, dann erscheint es ganz natürlich, daß Flaubert fast dreißig Jahre später Laporte als zweiten Mitarbeiter beizieht.

Zwei Jahre nach dem Brief an Bouilhet beschreibt Flaubert Louise Colet das Projekt ausführlicher: »Mir ist ein alter Gedanke wieder in den Kopf gekommen, nämlich der zu meinem *Dictionnaire des idées reçues* (weißt du, was das ist?). Das Vorwort reizt mich ungemein, und so wie ich es konzipiert habe (es soll ein ganzes Buch werden), könnte mir kein Gesetz etwas anhaben, obwohl ich alles attackieren würde. Es wäre die historische Glorifizierung all dessen, was allgemein als richtig gilt. Ich würde demonstrieren, daß die Mehrheiten immer recht und die Minderheiten immer unrecht haben. Ich würde die großen Männer allen Dummköpfen opfern, die Märtyrer allen Henkern, und das in einem aufs äußerste, zu einem Feuerwerk gesteigerten Stil.« Nach dem Vorwort, »dieser Apologie der menschlichen Gemeinheit in all ihren Zügen, ironisch und brüllend von Anfang bis Ende«, käme dann das Wörterbuch selbst. Von den Beispielen, die Flaubert gibt, bleiben die Definitionen von »Languste«, »Erektion«, und »Negerin« über die nächsten dreißig Jahre unverändert. »Ich glaube«, fährt er fort, »das Ganze wäre von ungeheurem Schrot. Im ganzen Buch dürfte kein einziges auf meinem Mist gewachsenes Wort vorkommen, und nach der Lektüre dürfte man gar nicht mehr zu reden wagen vor Angst, aus Versehen einen der Sätze zu gebrauchen, die darin stehen.«

Wie begegnet der Schriftsteller der Dummheit seines Zeitalters? Das ist eine zentrale Frage, denn die himmelschreiende, sich blähende, selbstgefällige Dummheit der Welt kann keinem Schriftsteller – es sei denn einem unverzeihlich desinteressierten – entgehen. (Wäre Flaubert vom späten zwanzigsten Jahrhundert überrascht gewesen? Ich glaube, kaum. Gibt es etwas Dümmeres als eine Glasglocke für Melonen, hat er einmal gefragt. Nun, wie wäre es denn mit der bergeweisen Vernichtung von Nahrungsmitteln in einer Welt, in der Menschen verhungern? Mal ganz abgesehen von unserer unbekümmerten Zuversicht angesichts der hohen Wahrscheinlichkeit, daß unser Planet unbewohnbar gemacht wird.) Aber wenn sie einem nicht entgangen ist, wie stellt man sich dann dazu? Wie begegnet man ihr einerseits ästhetisch, andererseits mit welcher persönlichen Haltung? Als vergnügte Optimistin wie George Sand? Als vorsichtige Melioristin wie George Eliot? Vielleicht als Satiriker? Wollen Sie der Welt Vernunft einbleuen, ihre Torheiten lächerlich machen, ihr ein gigantisches Furzkissen unter den dicken Hintern schieben? Wir plazieren die Satiriker gern am äußersten Rand des ästhetischen Spektrums: als Pessimisten, die die Verzweiflung mit schwarzem Humor in Schach halten, die am Galgen baumelnd darüber diskutieren, wo man ein billigeres und strapazierfähigeres Seil kaufen könnte. In der Satiregleichung ist jedoch ein Faktor automatisch mit drin: Die Welt, hielte sie inne und hörte auf den Satiriker, würde, könnte, *möchte* sich vielleicht gerade noch ändern; die Schlinge des Henkers würde sich in einen magischen Knoten verwandeln, der aufschlüpft, sobald er zugezogen wird. Somit steht der Satiriker doch nicht ganz am äußersten Rand des Spektrums. Sicher, er leuchtet in einem dramatischen Indigo. Aber es gibt eine Farbe jenseits von Indigo. Violett ist die Farbe des Ironikers. Ein Violett, das ins Ultraviolett übergeht – jenen Farbton, den die Welt nicht sehen kann.

Schwer verständlich ist das *Wörterbuch* anfangs nicht nur wegen seiner komplizierten Textgenese, sondern auch wegen seiner Methode. Als ich einundzwanzig war, kaufte ich mir ein Exemplar und setzte mich damit hin. Ich war schwer enttäuscht. An ähnlichen Büchern kannte ich nur noch La Rochefoucaulds *Maximen*, doch da endete der Vergleich auch schon. Sollte das etwa komisch sein? »MANDOLINE. Unerläßlich zur Verführung von Spanierinnen.« – »SCHWEISSFÜSSE. Ein Zeichen von Gesundheit.« – Was war daran komisch? Ganz klar, Flaubert gab sich keine Mühe: vielleicht hatte er einen schlechten Tag, als er es schrieb. Fernsehkomödien waren viel komischer.

Doch mit einundzwanzig ist die Sensibilität für das Violett und Ultraviolett der Ironie nicht sehr groß. Vermehrte Flaubert-Lektüre hilft einem, das *Wörterbuch* ein bißchen besser zu verstehen. Zu entdecken, wie die Welt funktioniert, hilft einem, es sehr viel besser zu verstehen. Ungeachtet seiner Kürze ist es kein Werk, das man in einem Zug von vorne bis hinten durchlesen kann oder sollte; und es ist auch kein Aphorismenbuch, aus dem man sich ein paar Eintragungen herauspicken könnte, um tiefsinnig darüber zu brüten. Es ist eines von den Büchern, nach denen man vielleicht greift, wenn man verzweifeln könnte vor Wut über die Welt und ihren Schwachsinn, und das man schon bald wieder aus der Hand legt mit einem Gefühl des Trostes darüber, daß ein brillanterer Kopf als man selbst schon früher bemerkt hat, wie die Dinge liegen. Es könnte sogar eines von den Büchern sein, die man gar nicht erst aus dem Regal zu nehmen braucht: Man muß bloß daran denken, an seine Haltung und an die Art und Weise, wie es funktioniert, und schon hat man ein schiefes Lächeln auf den Lippen, und das *Wörterbuch* hat seinen Zweck erfüllt.

Es ist ein Werk fast reinster Ironie. Der Satiriker schiebt die Welt auf die Bühne, bewirft sie mit Sahnetorten, läßt ihr die Hosen runter und verhöhnt ihren Schmerbauch. Der Ironiker schiebt die Welt auf die Bühne, bietet ihr eine Quiche Lorraine an, lobt den modischen Schnitt ihrer Hosen und macht die Bemerkung, daß nur wirklich seriöse Leute große Bäuche haben. Der Satiriker ist ein Boxer, der versucht, seinen Gegner längelang vor sich auf die Bretter zu schicken; der Ironiker kann Judo und nutzt das Gewicht des anstürmenden Gegners, indem er ausweicht und ihm hinterrücks ein Bein stellt. Das ist Flauberts Methode im *Wörterbuch.* Was weiß die Welt über Spanien? Sie weiß, daß es dort dunkelhäutige Señoritas gibt, die Spitzenmantillas tragen, auf Balkonen sitzen und Kavalieren, die in engen Hosen unten im Staub die Mandoline zupfen, Blumen aus ihrem Haar zuwerfen. Stimmt, sagt Flaubert zur Welt, stimmt ganz genau; jeder, den ich von Spanien erzählen höre, sagt, daß es genau so ist, und deshalb muß es so sein. Paganini hat seine Geige nie gestimmt? Zuviel Schlaf verdickt das Blut? Hätte Napoleon sich nicht scheiden lassen, säße er noch immer auf dem Thron? Sie haben bestimmt recht, sagt Flaubert, tritt beiseite, winkt die wohlbeleibte Idee zur Verbeugung nach vorn und bleibt wie ein dezenter Theaterdirektor im Hintergrund.

Im Hintergrund bleiben: Die Idee der Unsichtbarkeit des Autors ist zentral in Flauberts Ästhetik. (»Es wäre recht angenehm für mich, meine Meinung zu sagen und Herrn Gustave Flauberts Gefühlen durch solche Äußerungen Luft zu verschaffen; jedoch was soll uns dieser Herr?«) Im *Wörterbuch* erreicht Flaubert das Maximum an Unsichtbarkeit. Seine Abwesenheit als Autor ist so total, daß man fast sagen könnte, das *Wörterbuch* sei die Arbeit von anderen. Er hat bloß den Stimmen der rechtdenkenden Leute gelauscht und aufgeschrieben, was sie sagten; er hat ihre Äußerungen weder geändert noch übertrieben, sondern sie bloß mit der Pinzette (keine Fingerabdrücke!) aufgesammelt und für uns in einem Sammelalbum alphabetisch geordnet. Sie möchten wissen, was Flaubert gedacht hat? Was er »wirklich« gedacht hat? Das ist nirgendwo sichtbar und überall gegenwärtig.

»Der arme große Mann, die Ironie weicht ihm nicht von der Seite«, schrieb Flaubert 1878, als er erfuhr, daß die Feierlichkeiten anläßlich von Voltaires hundertstem Todestag von einer Schokoladenfirma organisiert wurden. Erwartete er, daß er selbst von der Ironie verschont bleiben würde? Der Eintrag im *Wörterbuch* für DREIZEHN lautet: »Man vermeide es, dreizehn bei Tisch zu sein, das bringt Unglück. Freigeister dürfen keinesfalls zu witzeln versäumen: ›Was soll's, dann eß ich halt für zwei‹; oder, wenn Damen anwesend sind, zu fragen, ob eine von ihnen schwanger sei.« Nach Flauberts Beerdigung setzte sich eine Gruppe trauernder Schriftsteller in Rouen zu Tisch. Als der Dichter Théodore de Banville bemerkte, daß sie dreizehn waren, bestand er als rechtdenkender Mensch darauf, einen weiteren Gast zu finden. Man durchkämmte die Straßen, und schließlich ließ sich ein Soldat auf Urlaub überreden, am Leichenschmaus teilzunehmen. Der Soldat hatte nie von Flaubert gehört, war aber ganz wild darauf, den Dichter François Coppée kennenzulernen.

*Aus dem Englischen von Michael Walter*

## *Anmerkungen*

ABAELARD. Fulbert war der Onkel von Héloise. Auf seinen Befehl (er war Kanonikus) wurde Abaelard kastriert.

AKZISE. Bis ins 19. Jh. indirekte Verbrauchs- und Verkehrssteuer, Zoll.

ALKIBIADES. Um Aufmerksamkeit zu erregen, schnitt Alkibiades (ca. 450–404 v. Chr., sonst eher bekannt als Gesprächspartner von Sokrates) seinem Hund, der ihn 7000 Drachmen gekostet hatte und in ganz Athen bewundert wurde, den Schwanz ab. Im Französischen sprichwörtlich: *couper la queue de son chien (du chien d'Alcibiade)* im Sinne von »Um Aufmerksamkeit zu erregen, ist jeder Scheiß recht.«

ARSEN. Marie-Fortunée Lafarge (1816–1852), angeklagt, ihren Mann mit Arsen vergiftet zu haben, wurde 1840 zu Zuchthaus verurteilt. Louis Napoléon glaubte an einen Justizirrtum und begnadigte sie.

AUFLEHNUNG. Vom Sozialisten und Revolutionär Louis Auguste Blanqui (1805–1881) stammt auch der Slogan *Ni Dieu ni maître.*

BAGNOLET. In dieser kleinen Stadt in der Nähe von Paris stand eines der ersten Blindenheime Frankreichs.

BARBIER. Der Barbier von Ludwig XI., Olivier le Daim, wurde einer seiner einflußreichsten Berater. Nach dem Tod seines Herrn protzte er dermaßen mit seinem Reichtum, daß er gefangengesetzt und dann gehängt wurde.

BLAUSTRUMPF. Das Molière-Zitat stammt aus *Die gelehrten Frauen*, II, 7: »... Die Frau ist klug genug, / Wenn sie so geistreich ist, daß sie den Unterschied / Zwischen der Jacke und der Hose deutlich sieht.« (Deutsch von Hans Weigel; Zürich 1965.)

BUDDHISMUS. Marie-Nicolas Bouillet war ein großer Kompilator (vgl. KOMPILATION). Sein *Dictionnaire classique de l'antiquité sacrée et profane* erschien erstmals 1826 in zwei Bänden und wurde immer wieder aufgelegt.

BUFFON. Georges-Louis Leclerc de Buffon (1707–1788), Naturforscher und Schriftsteller, befleißigte sich eines ausgesprochen pompösen Stils. Sein berühmtester Satz *Le style est l'homme même* wird gern falsch zitiert als *Le style c'est l'homme.*

CHAMPAGNER. Die Régence war die Zeit der Regentschaft von Philippe d'Orléans anstelle des minderjährigen Ludwig XV. (1715–1723). Vgl. SOUPER.

DIREKTORIUM. Interregnum zwischen der »terreur« und dem Konsulat von Bonaparte, 1775–1799.

EKLEKTIZISMUS. Der Philosoph Victor Cousin (1792–1867) ist uns heute vor allem als Geliebter von Louise Colet ein Begriff. Vgl. Julian Barnes, *Flauberts Papagei.* Zürich: Haffmans 1987.

FORNARINA. Lieblingsmodell von Raffael. Sie hieß eigentlich Margarita und war die Tochter eines Bäckers (it. *fornaio*).

GARDE. Aufgefordert, sich bei der Schlacht von Waterloo zu ergeben, antwortete General Cambronne *merde.* Für Schul- und Geschichtsbücher entstand dann die umständlichere Version.

GOLDSCHLÄGERHÄUTCHEN. Blinddarmmembrane von Ochsen und Schafen; daraus wurden vor allem auch Präservative gemacht.

HIPPOLYTOS. In Racines *Phèdre*, v, 6. Eine besonders blutrünstige Passage im Werke des »sanften Racine«.

IMPERIALISTEN. Gemeint sind die Befürworter des zweiten französischen Empires (1852–1870).

JESUITEN. »Jesuitenschlacht« war eine Umschreibung für Päderastie. Die Konflikte mit den Jesuiten in Frankreich seit dem 17. Jh. bilden den Hintergrund für diese Zweideutigkeit.

KOPAIVABALSAM. Salbe für die Behandlung von Geschlechtskrankheiten.

LITTRÉ. Der Begründer des *Dictionnaire de la langue française*, Emile Littré (1801–1881), war Positivist und ein Verfechter der Evolutionslehre.

PHILIPPE D'ORLÉANS-ÉGALITÉ. Während der Revolution stimmte er für den Tod seines Cousins Ludwig XVI. Er selber starb 1793 auf dem Schafott.

POPILIUS. Popilius Laenas, ein römischer Konsul, wurde als Botschafter zu einem syrischen König geschickt, der mit Verzögerungstaktiken arbeitete. Popilius zeichnete einen Kreis auf den Boden, trat hinein und blieb darin, bis der König zu einer Antwort bereit war.

SPARSAMKEIT. Der französische Finanzier Jacques Laffitte (1767–1844) hatte sich als armer Junge vergeblich um eine Stelle beworden. Als er beim Hinausgehen eine Nadel aufhob, wurde er zurückgerufen, eingestellt und stieg zum Chef der Firma auf.

ZEHN (RAT DER). Geheimtribunal der Republik Venedig: Dieci Inquisitori dello Stato, 1310 eingerichtet, hatte als oberste richterliche Behörde der Republik auch über den Dogen Strafgewalt.